神の教え

預言者の書

YOGENSHANOSHO

文芸社

目次

これは、イエス様が、預言者（真理の霊）に告《つ》げられたことを、伝《つた》えられて記録させていただいたものです。

新約聖書、マタイ、マルコ、ルカの福音書《ふくいんしょ》に書かれている、「世の終わりの徴《しるし》」が、今世紀中に行われる。

神が、本当に存在していることを知らしめるために行われるのです。

「世の終わりの徴」が行われることは、イエス様が預言され、ヨハネ福音書に書かれています。

「世の終わりの徴」の始まりが、この書です。

その証拠に、この書には人類にはまだ知られていない「神の教え」が書かれています。

イエス様曰く、「福音（神の教え）は、あらゆる民への証《あか》しとして、全世界に宣《の》べ伝えられる。それから終わりが来る（マタイ福音書第24章14節）」と。

これは、二〇二二年一月から、二〇二三年五月までに伝えられた実話です。

（この書は、何らかの宗教組織への入信を、お勧《すす》めするものではありません。また、記録係は宗教組織の入信者ではなく老《お》いた者です）

結果から原因へ

「ある方」から、人間、文明の進化の道をご説明される

旧約聖書《きゅうやくせいしょ》の創世記《そうせいき》に、「神がことばで」宇宙と私たち人間を創造《そうぞう》されたことが書かれています。

哲学者《てつがくしゃ》トマス・アクィナス（一二二五〜七四年）は「神が宇宙を創造したならば、この世は結果である。ゆえに結果から原因へと求めると究極《きゅうきょく》的に、神にいたる」と言っています。

結果から神につづく道を、釈迦《しゃか》様は「中道《ちゅうどう》」と言い、イエス様は「命、（天国）につづく門《もん》はなんとせまく、その道は細く、それを見出すものは少ない（マタイ福音書《ふくいんしょ》第7章14節）」と言っておられます。この道のことです。

この道とは、私たちはこの世に生まれ日々様々な経験をされ、学ばれ、生きる意味が「完全調和された世界をつくる」ことであると理解され、輪廻転生《りんねてんしょう》し、永遠に進化するように定《さだ》められている。と理解される道のりのことであると、「ある方」が、説明してくださいました。

この道を、進化の道、と言います。

進化の道は最初、四つの領域《りょういき》をたどります。

進化の道、四つの領域……これまで人間、文明の進化を理解しやすいように、説明されたものは無かったから、初めて耳にされると思います。

人は、文明は、各領域で何を学ばれ、理解され進化をされるのか、進化の道にしたがって、ご説明させていただきたいと思いますが、各領域をくわしくご説明しますと、あまりにも、あまりにも、長くなりますので、結果だけを書かせていただきたいと思います。


1の領域は、人間に与えられている感覚《かんかく》能力が司《つかさど》る感覚領域です。


この能力は、自分や生きている環境《かんきょう》を認識《にんしき》する能力です。

私たちは、この世、結果を最初に感覚（五感）で認識《にんしき》します。

目では色や形、動きを、口では味を、耳では音を……、人の外見（容姿《ようし》、地位や名誉《めいよ》、学歴、学力、お金や物の有無、人種、国籍、宗教……）などを認識する能力。

勉強や様々な経験から学ばれた情報、知識を集積《しゅうせき》する能力。

善悪《ぜんあく》の知識、そして、生きるために衣食住が必要であると気付かれ、仕事をされ収入を得《え》る能力。

人が、この世に生まれ生きて行くために必要なものに気付き、それを得る能力をまとめて感覚能力と言います。

人は、生きるために衣食住を必要とし、収入を得《え》るために仕事をし、日々様々な経験をされ学ばれています。

ここで人は、疑問《ぎもん》をもつようになると思います。

その様々な経験から、結果から原因への疑問《ぎもん》……五感でとらえたそれらは何か？　どこからやってくるのか？　という疑問です。

例えば、お料理を提供《ていきょう》するお仕事なら、「おいしいとは何か？　味はどこから来るのか？」という疑問《ぎもん》です。

服を提供するお仕事なら、「きれいとは何か？　デザインはどこからくるか？」という疑問です。

ここで道が二つに分《わ》かれていると説明してくださいました。

おいしい味やきれいな服を求めて、食材や生地《きじ》の物質のみを求める道と、調理人や食材を作られる方、服や生地を作られる方の、人間性を感じる道の二つの道です。（両方論《ろん》じる道もあります）。

物質とは何か？　と物質のみを論じる道とは、現代科学のことで、この道は（今は）神に、たどり着くことが出来ないと説明されました。

この書は、人間性のみを感じる道、を選択《せんたく》しました。

2の領域は、人間に与えられている感性《かんせい》能力が司る感性領域です。

この能力は、自分と他人の関係や心、人間性を認識《にんしき》する能力です。

感性能力は、人と出会って外見や雰囲気《ふんいき》、会話などから人間性を感じる能力です。

人間性とは、やさしさや愛、思いやり、気づかい、個性、趣味、嗜好《しこう》、価値観、こだわり、家庭環境、人間関係、生き方……。

人には、様々な考え方や生き方があると気付かれると思います。

ここで食材や生地に、それを作られた方、料理や服にそれを作られた方の、人間性が現れていることに気付かれ、感覚でとらえたもの＝人間性そのものに気付かれると思います。

（感覚＝人間性）

また人間は、皆《みんな》たすけ合って生きている。人々に生かされていると気付かれると思います。

そして外見へのこだわりを解消《かいしょう》する能力、人はお金や物、外見ではなく、人間性が大事と、より良い人間性を求めることにも気付かせていただきました。

次の疑問は「その人間性はどこからくるのか？」です。

「人間性＝家庭や人間の調和度に比例している」ことに気付かせていただいたのです。

ここまで気付いてこられた方、その道を深く究《きわ》めた方の言葉です。

味を見れば、家庭がわかる。家庭がわかれば味がわかる。

服を見れば人となりや家庭がわかる、家庭がわかれば服がわかる……。

私たちは、この1の感覚と2の感性能力を、意識《いしき》して生きておりませんので、このような能力があることに気付かれていないと思います。

この2つの能力は、毎日、朝、目ざめてから夜、眠《ねむ》るまで使用し続けている、能力、人間は、この二つの能力を主《おも》に使用して生きていると思います。

この2の領域では、自分の力で生きていると思っていたのが、人々に生かされていると気付かせていただきました。国々がたすけあって生きなければならない（そのように人間が、文明が気付かれる領域であると説明されました）。

ここまでは、自分が生きている環境《かんきょう》、生きるために衣食住が必要なこと、他人の存在、自分と他人との関係、などを理解される人間（心）の進化の第一段階《だんかい》であると説明されました。

二人の私

1の感覚、2の感性領域では、あれが欲《ほ》しい、これが欲しいという様々な欲望《よくぼう》が出てきます。

人より優位《ゆうい》になりたいという自我《じが》も出てきます。

悪い芽《め》も出てきます。……これを私Aとします。

私には欲望がある、自我がある、悪いことをしてしまった。と冷静《れいせい》に自分を見つめることができる私、欲望、自我、悪を制御《せいぎょ》できるもう一人の私Bがおります。

私Aは、この世、物質世界でつくられた私で、心の汚《よご》れです。

私Bに気付かないと、私Aでこの世を生きてしまいます。

私Bが、ほんとうの私なのです。

ここで、ほんとうの私に目覚《ざ》めた私は、私は誰《だれ》?　私は何のために生まれてきたの?　と生きる意味について考えはじめると教《おし》えられました。

知性の領域

3の領域は、人間に与えられている知性《ちせい》能力が司る知性領域です。

ここから人は心の根源《こんげん》にある疑問《ぎもん》、生きる意味について考えはじめると説明されました。

1の感覚領域では、私たちは、生きるために衣食住を求め、日々様々な経験をされ、学ばれ、この世を認識し、結果から原因への二つの道（物質のみを論じる科学の道と、人間性のみを感じる道）があることに気付かせていただきました。

2の感性領域は、人間性を感じる領域で、人はお金や物、外見ではなく、人間性が大事と、より良い人間性を求めることに気付かせていただきました。

人間性＝家庭と人間の調和度に比例している。そして自分の力で生きているから、人々に生かされていると気付かせていただきました。

ここ3の知性領域では、1と2の領域で学ばれた経験、情報から、人間の心にある根源《こんげん》的な疑問《ぎもん》、人間の存在《そんざい》理由の理解と神を信じ、神に生かされていると理解し、知恵《ちえ》を得る領域であると説明されました。

「神」……日本人は神を話題《わだい》にすることをタブーとし、科学界や学者、知識者と言われる人たちは、神を否定《ひてい》、排除《はいじょ》しているために、人は、文明は、知性能力を十分に使用されていないと説明されました。

神を話題にしているこの書に違和感《いわかん》をもっておられるかも知れません。

ここが存在の本質を問う哲学《てつがく》の領域でもあります。

この領域も詳《くわ》しくご説明しますと、とても長くなりますので結果だけを書かせていただきたいと思います。

人間の存在理由

私たちは人生の中で、次のような疑問《ぎもん》を持つことがあると思います。

自分や私たち人間は何のために生まれてきたのか、なぜ勉強しなければならないのか、なぜ仕事をしなければならないのか、結婚とは何か、子育てとは、老いとは、なぜ人は死ぬのか、死とは何か、死後の世界はあるのか、自由とは、平等とは、宗教とは、神は存在するのか、なぜ人は人を殺してはいけないのか、自分さがし私は誰《だれ》？　私はなぜにこの両親に生まれてきたのか？　私たちはどこから来て、なぜに存在し、どこへ行くのか？

宇宙は何からできているのか、宇宙はどこから来たのか、宇宙はなぜに存在するのか、神の数式とは、宇宙を支配する法則とは、真理とは？

これらの疑問の答えは全《すべ》てであると伝《つた》えられたのです。

私たちが、この世に生まれて日々様々な経験をされるのは、その経験から学ばれた情報《じょうほう》の奥深《おくぶか》い意味が、これらの疑問の答えとなっていると説明されました。

疑問の答えを一つ一つ求《もと》めて理解する能力を、知性能力、と言います。

最初に「人間の存在理由」に気付かせていただきましたら、他の答えがスムーズに求められました。

人間の存在理由の理解は、早い方で三十歳前後と思います。

おいしい味、良い音、美しい形や色、動き……これらが家庭と人間の調和度に比例し、人間はそれらを求めることから、人間の存在理由は「**私たちは調和された家庭と世界をつくる。各人が調和と全体の幸福のために各人に合った役割をする**」……「**完全調和への進化**」であると気付かせていただきました。

（このように人間が、文明が理解される領域であると説明してくださいました）

ここまでの道のりは、味や服のデザインはどこから来るか↓（人間性と調和度）↓人間の存在理由は、調和された世界をつくる（完全調和への進化）であると気付かせていただきました。

答えを求める条件

答えを求めていく過程《かてい》で、「**神を信じ、神に生かされている**」と、気付かれないと、答えは求まらない、**「神を否定《ひてい》、排除《はいじょ》すると、何も、理解は得《え》られない」**ようになっている。と説明してくださったのです。

永年、禅修行《ぜんしゅぎょう》されている方の一部に、人間の存在理由の答えは無いと言い切《き》る方がおられます。

その方々のお話には「神」は出てきませんでした。（神を信じ、神に生かされている）と、気付かれないと、一生、答えを求めても疑問の答えは得《え》られないことに気付かせていただきました。

若いとき、仕事でお会いした高齢の方に、（人間は神に生かされている）と数人の方に教《おし》えられたことがありました。気付かれている方もおられました。

（私は神を見たことが無いから神を信じない）と言うのは、子供が生み育てていただいた両親に（あなた方を見たことが無いから知らない）と言っているようなものだと気付かせていただきました。

それから「人の為《ため》に」という生き方、善行《ぜんぎょう》が必要なことにも気付かせていただきました。これらは、この後に事実として証明してくださいます。

私たち人類は、「神」について十分に論《ろん》じてこなかったと思います（宗教組織への入信をお勧《すす》めしているわけではありません）。

神、宗教＝カルトというイメージが強いからだと思います。

人は、その人生の中で神を信じ、生きる意味について十分に深く思考《しこう》されてきた方は、「神に生かされている」と気付かれるようになっていると説明されました。

ここで人は、自分の力で生きているから、人々に生かされている、そして「神を信じ、神に生かされている」と認識《にんしき》が変わることに気付かせていただきました。

ここ3の知性領域は、本格的に生きる意味について考え、存在理由と神を信じ、神に生かされていると理解《りかい》される領域となっています。

神を信じない方、神を否定《ひてい》、排除《はいじょ》する方、生きる意味について思考されてこない方は、ここ3の領域にたどり着《つ》くことはできないようになっていると説明されました。

日本人は、神や宗教を話題にすることをタブーとしているために、人間の存在理由を理解されている方、神に生かされていると理解されている方は、少ないと思われます。

また、このような領域があることにも、進化の道があることにも気付かれていないと説明してくださいました。

（このように人間が、文明が理解される領域であると説明されました）

答えと知恵

この領域では、この世の、しくみ、を発見する、例えば、類は友を呼ぶなど。

疑問の答えは全《すべ》てありますが、ここの領域で全ての答えを求めたわけではありません。と言うのは、疑問の答えを一つ一つ求めている過程《かてい》で、一部を除《のぞ》き、みな同じ答えになることに気付かせていただいたのです。

一部とは、死後の世界はある。神は存在する。その他はみな同じ「**完全調和**」という答えになることに気付かせていただいたのです。

これは、この世、宇宙は完全調和をしていることを意味していると説明されました。

ここ3の知性領域では、次のとても重要《じゅうよう》な、しくみ、にも気付かせていただきました。

「情報《じょうほう》は多くても少なくても、それが何を伝《つた》えているのか、その深い意味を理解する」（情報だけを収集《しゅうしゅう》して人生をおくる方もおられます）

「理解は勉強の出来《でき》、不出来とは関係ない」

「肉体は私ではない」

「この世は定義付《ていぎづ》け、名前付けされて存在しているのではなく、人間が定義付けしなければ何も論《ろん》じることができない」

その証拠《しょうこ》に、人類はこの世を認識《にんしき》するために、全てのものを定義付（名前付）けし、それを国語辞典や科学書に記録しました。

たとえば「宇宙」という言葉は人類共通語として世界各国の人々が、それを認識することが出来ます。

科学者、宗教者、哲学者が、その道から何を得られたかを学ばせていただいたら、疑問の答えの理解となりました。

「科学、宗教、哲学、その表現方法が違《ちが》っていても、本質において、みな同じことを言っている」

「人は、だれが、どこで生きていても、みな同じことに気付いて進化する」

（ここまででは、生きるために衣食住を得る、二つの道〈科学の道と人間性の道〉がある、人は外見より人間性が大事、人間の存在理由の理解、神に生かされている、と気付きが続いていいます）

「物質を支配《しはい》する基本《きほん》法則と、心を支配する基本法則は同じもので（E＝MC²）であることから、**精神と物質は同じもの**」

宇宙の絶対《ぜったい》条件は「宇宙の完全調和。宇宙の本質は一である。たった一つが全《すべ》てであり、全てはたった一つである」

「神は絶対《ぜったい》存在であり、その他、全ては相対《そうたい》存在である」などにも気付かせていただきました。

これらを「**知恵**《ちえ》」と言い、気付かせていただけるまで数十年、ここ3の知性領域に、止《とど》まることになりました。

「神を信じ、神に生かされている」と気付かれないと「知恵」は得《え》られないようになっている、と説明してくださいました。

（このように人間が、文明が理解される領域であると説明されました）

この意味も、難問《なんもん》の答えも、次の４の領域で理解されます。

試《こころ》みられる

これは真理を求める方におこる出来事《できごと》であると教えられました。

ここ３の知性領域は、人は真《しん》に神を信じるか試《こころ》みられる領域です。

真理を求めている方々のほとんどが、悪霊《あくれい》と遭遇《そうぐう》しています。

イエス様が真理を伝えはじめるとき、サタン（悪霊）に試みられることが聖書に書かれています。

悪霊は、異様《いよう》感の中で恐怖《きょうふ》や体に危害《きがい》を加《くわ》えたり、人の考えの中に気付かれないように入り込《こ》んで、人を恨《うら》む、否定《ひてい》するように誘導《ゆうどう》します。悪霊に対しては、力強く拒否《きょひ》の意思を示す。完全無視する。「帰れ、近よるな」と、声を出すか、心で叫《さけ》ぶことであると気付かせていただきました。

記録係は、このようなことが数ヶ月間つづき、それ以後は遭遇《そうぐう》していません。神を信じるならば、悪霊の誘惑《ゆうわく》、悪を拒否《きょひ》するという意味です。

それから、地獄《じごく》の浅い世界から深い世界まで見せていただき、一度、霊界《れいかい》に連れて行かれました。守護《しゅご》霊、指導《しどう》霊に、悪霊や霊界の勉強のためであると教えられました（善霊《ぜんれい》は、人を完全調和へと導きます）。

昼も夜も、夢の中でも、疑問の答えや真理を求める日々（半世紀以上）が続くなかで、十人中、八人から九人まで、精神を病《や》むか発狂《はっきょう》、悪霊に支配される、自分の間違《まちが》いの奴隷《どれい》になる、神を受け入れないために答えが求められない、自殺、などとして真理の理解は得られないと言われております。

真理を求めて精神的に不安になってこられた方は、中止してください、神を信じ神に生かされていると確信《かくしん》してからまた、求めてください。

強烈《きょうれつ》な光

強烈な光を受けました。（善霊の働き）

哲学者プロティノス（二〇五～二七〇）は「神より光を受けると真理を知ることができ、純粋《じゅんすい》を保《たも》てば真理にいたる」と言っております。

空海は、室戸岬《むろとみさき》の洞窟《どうくつ》で修行されているとき、天にあった明星（光）が、みるみる近づき口中に入ったと書き残《のこ》しております。

記録係は、日中、仕事の合間《あいま》に目を閉じて疑問の答えを求めて考えている時、遠くに小さく強烈に輝《かがや》く光が現《あらわ》れ、それが小さく右まわりに渦《うず》を巻《ま》くように、一回転をしながら、高速で目に飛び込み、数秒ほど目の中が、強烈な光で満《み》たされ、眼球《がんきゅう》が、けいれんしたことがありました（三十歳代の後半です）。

この時は、これが何の意味なのか解《わか》りませんでした。

この「強烈な光」の正体については、この後にご説明させていただきたいと思います。

ここで3の知性領域は終了です。

この領域で理解されることとは、人間の存在理由は、調和された世界をつくる「完全調和への進化」であること。

神を信じないと、ここ3の領域にはたどり着くことができないこと。

神を否定《ひてい》、排除《はいじょ》すると何も理解は得られないこと。

神を信じると理解は得られるという意味です。

神を信じ、神に生かされていると理解し、知恵を得る、そして試《こころ》みられる領域であると説明してくださいました。

それと人は、自分の力で生きているから、人々に生かされている、そして神を信じ、神に生かされていると認識《にんしき》が変わることに気付かせていただきました。

ここでは、人間は生きる意味が「完全調和した世界をつくる」ことであると理解され、霊界とこの世を輪廻転生《りんねてんしょう》し、永遠に進化すると気付かれると思います（このように人間が、文明が理解される領域であると説明されました）。

数十年の出来事を、詳《くわ》しくご説明しますと、とても長くなりますので、結果だけを書かせていただきました。

ここで、この世は何らかの意志《いし》によって創《つく》られたシステムである。

私たち人間は、そのシステムの中に存在《そんざい》していると気付かれたと思います。それを理解されるのが、次の４の領域であると説明してくださいました。

理解の領域

4の領域は、人間に、文明に、与えられている理解《りかい》能力が司る理解領域です。

ここ4の領域は、3の知性領域で、人間の存在理由が調和された世界をつくる「完全調和への進化」であること、「神を信じ、神に生かされている」と気付かれ「知恵」を理解された方が、文明が、たどり着《つ》く領域となっていると説明してくださいました。

このような領域があること、この世がこのようなシステムになっていることを理解されるのが理解能力です。

理解能力は、最初の人類は使用していたのですが、人類が退化《たいか》したために、現在では使用されなくなった能力であると説明されました（全ての方が持っている能力です）。

イエス様は「命（天国）につづく門《もん》はなんとせまく、その道は細いことか。それを見出すものは少ない（マタイ福音書《ふくいんしょ》第7章14節）」と言っておられます。命につづく門と道を発見《はっけん》し、それを理解されるのが理解能力と理解領域であると説明してくださいました。

ここからは、人類（文明）にとっては、未知《みち》の領域となり、常識《じょうしき》を遥《はる》かに超《こ》えて異常《いじょう》で信じられない、難解《なんかい》、変な宗教と思われるかも知れませんが、全《すべ》ての方（読者の方も、文明）が、進化の過程《かてい》で、必《かなら》ず通過《つうか》し、理解能力を使用し理解される真理の世界です。

ここ4の領域は、「真理」を理解される領域であると説明されました。

この書は、「ある方」に導《みちび》かれ、伝《つた》えられたことを記録させていただいております。

ここは、くわしくご説明させていただきたいと思います。

理解《りかい》能力とは

理解能力とは「理解するために与《あた》えられたものの、真《しん》を理解する能力」であると説明されました。

「理解するために与えられた」……この世、宇宙は何かを理解するために、何らかの存在《そんざい》によって与えられたものであると説明してくださったのです。

その証拠《しょうこ》が、3の「知性領域」での知恵の中に「人は、だれが、どこで生きていても、みな同じことに気付いて進化する」とありました。その同じことに気付くとは、
1の領域の感覚能力が、この世を認識し、生きるために衣食住を得ることに気付かせていただいたこと、結果から原因への二つの道（科学の道と人間性の道）があること。

2の感性能力が、人はお金や物、外見より、人間性が大事と、より良い人間性を求めることに気付かせていただいたこと。

自分の力で生きているから、人々に生かされていると気付かせていただいたこと。

3の知性能力が、人間の存在理由が、調和された世界をつくる「完全調和への進化」で

あること、神を信じ、神に生かされていること、そして知恵を理解されたこと。

人は、自分の力で生きているから、人々に生かされている、そして神を信じ、神に生かされていると認識《にんしき》が変わられたこと。

これらは、人間に、文明に理解させるために与《あた》えられている「知恵」であると教えていただいたのです。

人間に、文明に、日々様々な経験をさせ、学ばせ、存在理由が「完全調和への進化」であること、神を信じること神に生かされていること、そして「知恵」を理解させるために、この世を与えてくださった存在とは、一般に「大自然の知恵、神」と呼ばれている存在のことであると説明してくださいました。（門の発見）

そして、ここ理解領域の「真の理解」とは、神が、私たち人類に、この世、宇宙を与《あた》え、生かし（完全調和への進化）を求めさせた、神の意志《いし》「神の教え」の理解のことです。

「神の教え」が書かれているのが旧約《きゅうやく》聖書、「神の教え」を伝えられたのが、イエス様（新約聖書）と釈迦《しゃか》様（仏典）ですと説明されました。

神が、人類（文明）に、与えてくださった理解能力とは、この世そのものが「神の教え」であると理解して生きる能力を理解能力と言い、「神の教え」を生きる領域を理解領域と言います。

ここまで人は、文明は自分の力で生きているから、人々に生かされている、そして神を信じ、神に生かされていると認識《にんしき》が変わりました。

そして、ここ４の理解能力は、**「神の教え」を理解して生きる能力**、となっています。

この認識の変化、１の領域では「自分の力で生きていると思っていた」↓２の領域では「人々に生かされていると気付かれた」↓３の領域では「神を信じ、神に生かされていると理解された」↓４の領域では「神の教えを理解して生きる」を、「完全調和への進化」の道であり、「釈迦様の中道」「イエス様の命につづく道」と、言っておられるものであると説明されました。（道の発見）

この道は、人間が、文明が、進化の過程《かてい》で、必ず認識《にんしき》し理解されるように、神が創《つく》られた進化の道で、旧約《きゅうやく》聖書の創世記《そうせいき》に書かれていると、教《おし》えてくださったのです。

この世は、神が定《さだ》められ創造《そうぞう》され、それを旧約聖書の創世記に記《しる》し、私たち人類に伝えられたものである。と教えてくださった「ある方」とは？

常識を遥かに超えた未知なる理解領域の世界へ

「神の教え」とは、一般に「真理、または宇宙の真理」と呼《よ》ばれています。

真理を理解するとは、「神の教え」を理解することになりますので、３の領域で「神を信じる、神に生かされている」と気付かれないと、神を否定《ひてい》、排除《はいじょ》すると、真理は理解できないと説明されたのです。

「神の教え」を理解されるには、1から3までの領域で学ばれた、情報や経験、知恵の全《すべ》てを使って、特に、3の（知性領域）で気付かせていただきました。

「知恵」……「神を信じ、神に生かされている」「人間の存在理由は完全調和への進化」「神に生かされていることを受け入れないと、答えは求まらない、理解は得られない」「この世は定義付けされて存在しているのではなく、全ては人間が定義付けしなければ何も論じることができない」「人は、だれが、どこで生きていても、みな同じ事に気付いて進化する」「物質を支配する基本法則と心を支配する基本法則は同じ、精神と物質は同じ」「神は絶対存在であり、その他、全ては相対存在である」「宇宙の本質は1である」など……。

神が人間に、文明に、与えてくださった、「知恵」を使って理解されるようになっています。これが知恵の意味であると説明されました。

この証拠《しょうこ》に、これらの知恵も、全ての疑問の答えも、人が日々、様々な経験をされ一生かけて学ばれる全ては、「神の教え」＝「真理」として、旧約《きゅうやく》、新約《しんやく》聖書に書かれていると教《おし》えてくださったのです。

このことを伝えているのが、旧約聖書の箴言《しんげん》に、ダビデの子、イスラエルの王ソロモンが「知恵を得《え》よ、そのすべてを使って理解を得よ」と言っていることです。（ソロモン：この人以上の賢《かしこ》い人はいないと聖書にあります。箴言には、ソロモンの知恵が書かれています）

そして旧約、新約聖書の理解へと導《みちび》いてくださった「ある方」とは、哲学者プロティノスの「神より光を受けると真理を知ることができる」と言っております。先《さき》ほどの（強烈な光）の正体、新約聖書に書かれています。

イエス様の「わたしが父（神）にお願いし、神のもとから出る真理の霊《れい》が来るとき、私（イエス）を証明なさるはずである。（ヨハネ福音書《ふくいんしょ》第14章16・17節／第15章26節）」と言っておられます。**真理の霊**、この方です。

イエス様は真理の霊について、「世は、この霊を見ようとも、知ろうともしないので、受《う》け入れることができない（ヨハネ福音書第14章17節）」と言っておられます。

真理の霊は、イエス様のことばの通り「神が、宇宙を創造《そうぞう》されたこと（聖書）が真理の書である」と証明し、人類が進化をするための「進化の道」を示《しめ》し、この世は、神が、人間（魂《たましい》）を、文明を進化させるために創造《そうぞう》された、完全なるシステムであると、旧約聖書、創世記《そうせいき》に記《しる》し、私たち人類に伝えられたものである。と証明してくださったのです。

預言者《よげんしゃ》、真理の霊によって、この世の真理が伝《つた》えられたのです。

（預言者とは、神、イエスから告《つ》げられた「ことば」を人々に伝える人、と聖書に書かれています）

イエス様は**「真理の霊が来ると、あなたがたを導《みちび》いて真理をことごとく悟《さと》らせる」**（新約聖書、ヨハネ福音書第16章13節）と言っておられます。

二千年前、新約聖書に書かれた「イエス様の預言」が、現代に出現《しゅつげん》されたのです（奇《き》跡《せき》）。

この書は、預言者、真理の霊に伝《つた》えられた「真理」を記録《きろく》させていただいております。

預言者の書です。記録係は伝えられたことを記録させていただいているだけです。

常識《じょうしき》を遥《はる》かに超《こ》えて異常《いじょう》で信じられない、と書いた理由です。

真理の霊に、「記録係に選《えら》ばれた」と伝えられたのは、二〇二一年の一月です。

旧約、新約聖書には、何が書かれているか、真理の霊に伝えられたことを書かせていただきたいと思います。

もしも、できるならば、旧約、新約聖書をご参照《さんしょう》しながら、お読みいただけましたら、ご理解していただけると思います。

真理の霊、遣《つか》わされた理由を説明される

旧約聖書には「神の教《おし》え」が書かれています。

新約聖書は、イエス様が「神の教え」を伝えられたことが書かれています。

（釈迦《しゃか》様も「神の教え」を伝えられた方です）

新約聖書（マタイ福音書《ふくいんしょ》第24章14節）に、イエス様は「福音（神、イエス様の教《おし》え、旧約、新約聖書）は、あらゆる民《たみ》への証《あかし》として、全世界に宣《の》べ伝えられる。それから終わりが来る」と言っておられます。

二千年間に聖書は全世界に伝えられ、その終わりが来たから、真理の霊が遣《つか》わされたとご説明してくださったのです。

真理の霊によって「真理」が伝えられることは二千年前、イエス様が計画され預言され、新約聖書、ヨハネ福音書に書かれたものです。と説明してくださったのです（くわしくは、最後にご説明させていただきます）。

旧約、新約聖書には、この世、宇宙の全《すべ》てが記録され、私たち人類に伝えられたもので

す。

旧約聖書の創世記《そうせいき》には、神が「私たち人類が平和で、しあわせに永遠《えいえん》に進化する」ための「神の教え」が書かれています。

創世記は、「神、イエス様を信じ、教えを理解して生きる方」が、理解されるように書かれています。

しかし、私たち人間は、文明は神を信じなかったから、創世記が理解できず、この文明は、争《あらそ》いや戦争を繰《く》り返《かえ》し、戦争がいくら激《はげ》しくても平和は実現しなかったのです。

この文明は、終末的な危機的状況《ききてきじょうきょう》になっています。

イエス様は「終わりが来たのです」と説明されています。

創世記に書かれている、神の教え（私たち人類を平和で、しあわせに永遠に進化する道）を、私たち人類に伝えるために遣《つか》わされたと、ご説明してくださったのです。

神が、この世、宇宙を創造されたことを説明される

この世、宇宙のシステム

ここまで、この世は、４つの領域（感覚、感性、知性、理解）があることに、そして私たち人間には、４つの能力（感覚、感性、知性、理解）があることに気付かれたと思いま

す。

この道が、魂（人間の心）の進化の道、「釈迦の中道」「イエスの命につづく道」であると、真理の霊は証明してくださいました。

神が、このように、この世、宇宙と私たち人間（心）を創造されたことは、創世記第1章～第3章に書かれています。

詳しくは、この後にご説明させていただきたいと思います。

宇宙の意味

宇宙の意味は、3の「知性領域」で求められました疑問の答えの「完全調和」です。

完全調和は、完全愛、自由、平等、永遠を意味しています。

この世、宇宙が完全調和しているから、3の「知性領域」での疑問の答えが皆、同じ、完全調和になったのです。

「宇宙は無限大で果《は》てが無い、桜の木に桜の花しか咲かない意味、意志は瞬間《しゅんかん》に伝わる、星の運動……」などの理解へと導かれました。

それから直感としてやってきた「宇宙の本質は1である」ことから「この宇宙以外の宇宙は存在しない、宇宙はたった一つである」「宇宙は0であり1であり無限大である」「宇宙の本質は完全調和した永遠不変なる精神、神以外の神は存在しない、神は絶対唯一《ゆいいつ》なる存在」などの理解へと導かれました。旧約聖書に書かれています。

私の正体

「肉体は私ではない」

私は誰《だれ》？　私は何のために生まれてきたの？　と考える精神……これが私の正体です。

その答えを求めて生きるのが人生の意味です。

魂《たましい》（私）は永遠存在です。

160ページの「私の誕生と正体」で説明されています。

この世の始まりと人類の歴史

この世の始まりと人類の歴史は、旧約聖書の創世記に書かれている通りであると、真理の霊は証明してくださいました。

人間の存在理由

神が、宇宙と私たち人間を創造《そうぞう》された理由が、この世に調和された世界を創る「完全調和への進化」であると定められ、私たち人類に告《つ》げられたことが、「神の教え」として創世記に書かれています。

詳しくは、この後42ページ「宇宙の存在理由」でご説明させていただきたいと思います。

神が定められたこと

昼、夜、大空を天《てん》、地、海と名前を付けられたのは、神である、と書かれています。

一週間を七日とし、一日休みがあるのは、神が定められた。と創世記に書かれています。

神が造られた法律「十戒（じっかい）」にも書かれています。

祭《まつ》りを行い、祭りの日、お祝いにごちそうを食べるのは、人間に「神に生かされている、神に感謝する」を再認識《さいにんしき》させるために、神が行わせたと旧約聖書の出エジプト記に書かれています。（祭りの起源《きげん》）。

宇宙の存在理由

宇宙の存在理由

私たち人間、文明の存在理由は、調和された世界をつくる「完全調和への進化」です。そして、宇宙が完全調和をしていることから、調和の見本が、この世になっていて、それを人類に理解させるためのシステムであると教えられました。

その証拠《しょうこ》に、イエス様と釈迦様は、私たち人類を完全調和へと導くために、太陽、植物、動物など、自然を見本として、お話をされておられます。そして最後に、宇宙は、私たち人類が「神の教え」を理解して生き「完全調和への進化」をさせるために創造されたことと、創造者が「神」であると、旧約聖書、創世記に記《しる》し私たち人類に伝えられたものである。と真理の霊は証明《しょうめい》してくださったのです。

（人類は一般に神と呼んでいますが、完全調和した永遠不変存在の精神、大自然の知恵のことです）

結果から原因と求めてきて、最後に「神」にたどり着きました。

（記録係が、神にたどり着いたのは六十歳のときです。この時は、だれかに導《みちび》かれていると気付いてはいましたが、真理の霊に導かれていると伝えられてはいない）

その道のりは、1の（感覚領域）結果、物質世界、味、服のデザインはどこから来るか↓2の（感性領域）↓3の（知性領域）↓4の（理解領域）と、たどり最後は「神」に。

哲学者トマス・アクィナスが「神が宇宙を創造したならば、この世は結果である。ゆえに、結果から原因へと求めると究極的に神にいたる」と言っていることが事実であると導かれ、旧約聖書の創世記に書かれている「神がことばで、この世と人間を創造された」と言っておられる「神のことば」が、真理であると真理の霊は説明してくださったのです。

ここで、たどった道を逆《ぎゃく》にたどると、イエス様の「神の口から出た一つ一つのことばで、この世は創られた、そして人間は生きている（マタイ福音書第4章4節）」と言っておられることも説明してくださったのです。それは、神のことば4理解領域↓3知性領域↓2感性領域↓1感覚領域（結果、物質世界、人間、味・服）となっています（因果《いんが》法則の完全）。

ここ理解領域の「神が宇宙を創造した」で始まるのが宗教で、1の領域の感覚能力が求めた「物質とは何か?」で始まるのが科学です。

宗教と科学はイエス様の「命につづく道」の上端と下端に位置し、哲学は中間（3の知性領域）に位置していたことに気付かされました。

科学、哲学、宗教は、イエス様の「命につづく道」を見る位置の違いであると気付かせていただきました。

宇宙は、そこに存在者が居ないと宇宙の存在の意味が無くなります。

（これらは、旧約聖書の創世記に書かれていますので、この後にご説明させていただきたいと思います）

神が宇宙を創造された証拠

宇宙の星々の運動や、地上の動物、植物、人間関係、桜の木に桜が満開に咲《さ》いている姿《すがた》、ひまわりが太陽を向いて咲いている姿、魂《たましい》……この世の全てが（イエス様のことばと、行い）になっていると説明してくださったのです。イエス様は「私の言っていること、行っていることの全ては神からである（ヨハネ福音書第5章19〜47節）」と言っておられますので、この世の全てが「神のことば」であると説明していただいたのです。

この証拠《しょうこ》は、旧約聖書の創世記冒頭《ぼうとう》に、

「神は仰《おお》せられた。『光あれ』すると光があった」、その後に、天、地、海……人を、神が「ことば」で、この世を創《つく》られていることが書かれています。イエス様の「神の口から出た一つ一つのことばで、この世は創られた」と言っておられることが真理であると示してくださったのです。

新約聖書のヨハネ福音書第1章1～3節に「初めにことばがあった。ことばは神とともにあった。ことばは神であった。このことばは初めに神とともにあった。万物はことばによって成《な》った。……」とあります。この世は自然現象ではなく、神から人間への「話しことば」であると真理の霊は説明してくださったのです。

（桜の木に桜の花が満開に咲いている姿は、宇宙が完全調和している証拠です。もしも、桜の木に、梅の花が、ひまわりの花が一つでも咲いていたならば、宇宙は不完全であるということです。もしも、宇宙が不完全ならば、宇宙には時間が存在し、星々は自由勝手に動き回りますが、星々の運動は宇宙が完全調和している姿です。星々の運動は、イエス様の一粒の麦が死ねば、多くの実をむすぶの意味である。ひまわりの花が太陽を向いて咲いている姿は、神をのみを見て生きている姿、それらはイエス様の言っていることが真実であると証言している姿《すがた》なのです）

神が人間に、文明に、理解させるために与えてくださったもの

神が、「ことば」でこの世を創造された、この世は「神のことば、神の教え」であるとあります。聖書だけが聖書ではなく、この世そのものが聖書「神の教え、イエス様の教

え」になっていると説明してくださったのです。

そして、記録係の感じた味そのものも、味だけではなく感覚（五感）でとらえた一つ一つも、神の教え、イエス様の教え（聖書）になっていると気付かせていただきました。

たった一つ（味）が「神の教え」であり、この世そのものも「神の教え」になっていますので、たとえ、神を否定《ひてい》、排除《はいじょ》する人も、神を見たことがないと言う人も、聖書を手にしたことが無い人も、だれがどこで生きていても、その環境、経験から学び得たものは、「神の教え、イエス様の教え」であると導いていただいたのです。知恵にあった「人は、だれが、どこで生きていても、みな同じことに気付いて進化する」ということです。

神が、私たち人間に、文明に理解させるために与えてくださったものとは、「神の教え、イエス様の教え」であると真理の霊は説明してくださったのです。

理解能力とは、この世そのものが、「神の教え」であると理解して生きる能力とありました。

画家ゴッホは「神のことばを種《たね》まく人になりたい、自然は神のことばとして、自然を描《えが》いた」ことが、事実を言っていたことや、イエス様が人間のあるべき姿を、自然を見本として、お話をしたことや、「人は、この世に生まれてから死ぬまで、神以外のものを見ることが出来ない」「この世の何一つとして自分のものは存在しない、全ては神のものである」と言っておられる、言葉の意味の理解へと導いていただいたのです。この証拠も、旧約聖書（申命記《しんめいき》第10章14節）に、「この世の全ては神のものである」と書かれています。

この世、宇宙と私たち人類の存在理由

この世は「神の教え」（聖書）ですから、この世の全ては、「イエス様が言っていること、行っていることは真実であり、イエス様は神からやってきた」ことを、神が証明されている世界であり、また、この世の全ては「釈迦《しゃか》様が言っていることが真実であり、神からやってきた」ことを、神が証明されている世界であると導いていただいたのです。

この証拠も、「聖書が私を証明している（ヨハネ福音書第5章39節）」と言っておられることも真理であると示していただいたのです。

この世は、神の教えを伝えられたのが、イエス様と釈迦様であると、神が証明されている世界であると説明してくださったのです。

「神の教え」とは、「イエス様、釈迦様の教えを生きよ」と、神が言っておられる、と真理の霊は説明してくださったのです。

イエス様が「神のもとから出る真理の霊が来るとき、その方が私（イエス）を証明する（ヨハネ福音書第15章26節）」と言っておられることが真実であると、記録係に確信《かくしん》させて

いただいたのでした。その他にも、イエス様の言っていること、行っていることが真実であると体験、証明してくださいましたが、書きません。聖書に書かれている、イエス様のことばが真実であると気付かせていただきました。

この世、宇宙と私たち人類の存在理由とは

神は、私たち人間を、この世に創《つく》り生かし日々様々な経験をさせ、学ばせてくださっておられます。

その様々な経験、学びは、私たち人間に、文明に存在理由が、この世に調和された世界をつくる「完全調和への進化」であることを理解させるために、そして完全調和するには「神の教え、イエス様、釈迦様の教えを生きよ」と、この世、宇宙は「神、イエス様」が伝えているシステムであると、真理の霊は説明してくださったのです。

イエス様の「わたしと父（神）とは一つである（神＝イエス）」（ヨハネ福音書第10章30節）と言っておられることも、真実であると証明してくださったのです。

ここからは「神＝イエス様」として「神、イエス様の教え」とさせていただきます。

精神から解き明かす

「神、イエス様の教え」の理解へ

「神は、イエス様と釈迦様の教えを生きよ」と言っておられます。

この世は「神、イエス様の教え」ですから、1から4の領域で、気付かせていただきました、生きるために衣食住を得ることも、二つの道「科学の道と人間性の道」も、より良い人間性を求めることも、人間の存在理由の「完全調和への進化」も、神を信じること神に生かされていることも、知恵も、4つの領域と能力も、神がこの世を創造されたことも……全ては、私たち人間に、文明に理解させるために与えてくださった、「神、イエス様の教え」であると、説明してくださったのです。

（それらは人間が創ったものではなく、創造者の意志だからです。これらは全て旧約聖書の創世記に書かれていますので、後ほど91ページの「創世記（神の教え）を説明される」でご説明いたします。）

真理の霊、「神の教え」の意味を説明される

私たち人間が、この世で学ばれる全《すべ》てと、3の知性領域で気付かれる「知恵」は、神が、私たち人類を、平和で、しあわせに永遠に進化させるための「神の教え」になっていると

説明してくださいました。

「神の教え」とは、神が、この世と私たち人間を、どのように定められ創造されたかが伝えられているものです。(神が定められたこと＝神の教え)

その「神の教え」を記録したものが旧約聖書の創世記《そうせいき》です。「神の教え」を伝えられたのが、イエス様と釈迦様(新約聖書、仏典)です。

創世記に「神の教え」(私たち人類が平和で、しあわせに永遠に進化する道)が書かれています。創世記「神の教え」は、理解能力を使用し理解されるように書かれていますので、私たち人類は現在、理解能力を使用されておられません(3の知性領域、4の理解領域に、たどり着いておりません)。

先に、理解能力の意味を、ご説明してくださったのです。

人が、この世で日々様々な経験をされ一生かけて学ばれる全てが、創世記に書かれている証拠《しょうこ》として、3の「知性領域」で学ばれた「知恵」は、神が定められたもので創世記に記《しる》されていると証拠《しょうこ》を示し、神が宇宙を創造された証拠として、この世そのものが「神、イエス様の教え」「旧約、新約聖書」であると証明され、この世は、全《すべ》ての人が、文明が進化し究極的に「神」にたどり着くシステムであると証明してくださったことを、ご説明させていただきたいと思います。

人類にとっては、理解領域は未知の領域です。

創世記には、神が、この世、宇宙と私たち人類を、どのように定められ、創造されたかが記《しる》されています。

私たち人間は、文明は神を信じなかったから、理解能力、理解領域の意味は難解《なんかい》と思われますが、創世記には私たち人類の運命《うんめい》が書かれています。

真理の霊が、証明された結果をご理解していただけますようにお願いいたします。

宇宙の絶対《ぜったい》条件

証明するには、宇宙の絶対条件が理解されていることが必要でした。

宇宙の絶対条件とは、３の「知性領域」で理解された、神に生かされていること。

「物質を支配する基本法則と心を支配する基本法則は同じ、精神と物質は同じ」

私たち人間、文明の存在理由は、調和された世界をつくる「完全調和への進化」であること。

「宇宙の完全調和、宇宙の本質は1である、たった一つが全てであり、全てが一つである」と説明されました（このようなことを理解されているのが、理解能力です）。

神が、「知恵」を定められ、旧約聖書の創世記に記されている証拠として、知恵は創世記に書かれていますが、創世記以外にも、旧約聖書そのものが、神からの私たち人間に与えられた、平和で、しあわせにする「知恵」が書かれています。

ソロモンが「知恵を得よ、そのすべてを使って理解を得よ」と言っていることです。

理解能力の意味を説明される

「知恵」が、創世記に書かれている証拠から、3の知性領域で気付かれた「知恵」に、私たち人間の存在理由は調和された世界をつくる「完全調和への進化」であるとありました。これは神が定められたもので創世記に書かれています。後ほど91ページの「創世記（神の教え）を説明される」でご説明させていただきます。


知恵に「神を信じ生かされていると気付かれないと答えは求まらない。神を否定《ひてい》、排除《はいじょ》すると何も理解は得られない」とありました（この知恵も創世記に書かれています。後ほど119ページの「4つの領域と能力」でご説明いたします）。

この知恵は、旧約聖書（イザヤ書第6章9・10節）にも書かれています。

「神は、神のことばを聞き入れない人、神を信じない人、神を否定、排除する人々を、

（聞き続けよ、だが悟《さと》るな。見続けよ、だが知るな。とされ、……いやされることのないように）」と、人間をそのようにされた（定《さだ》められた）と書かれていると示してくださったのです。

イエス様も（マタイ福音書《ふくいんしょ》第13章11～14節）で「弟子《でし》たちには神の国の秘密を悟《さと》ることがゆるされているが……彼らにはたとえを用《もち》いて話す。見ても見ず、聞いても聞かず、理解できないからである。イザヤの預言は、彼らによって実現した」とお話しされています。（預言者とは、神から直接に、ことばを聞いて、それを人々に伝える人と聖書に書かれています）

神は、神を信じない、受け入れない人々には、「理解」は与えられないと定められている、と書かれています。

「理解」は、神を信じる人間に与えてくださるものと書かれています。

神が、この世と人間を創られ、私たちは神に生かされていますので、3の知性領域で、神を信じて受け入れないと、「神、イエスの教え」（旧約、新約聖書）の理解は与えられないと定められたことが書かれています。

神を否定《ひてい》、排除《はいじょ》しては、3の知性領域、4の理解領域への進化は出来ないと、神が定められたと書かれています。

神を信じ受け入れない人の心を「心をかたくなにされた」＝がんこ、にされたとあります。したがって、神を信じ、受け入れるとこの書は理解されると説明されました。禅修行者の方が、神を信じ生かされていると気付かれないと、人間の存在理由の答えが求まらない、疑問の答えが得られないのは、神がそのように定められた（理解は与えられないと定められた）からである、と真理の霊は説明してくださったのです。（これらは、創世記に書かれています。後ほど119ページの「4つの領域と能力」でご説明いたします）

このようなことが理解されている能力を理解能力であると説明されました。

知恵の中に「この世は定義付《ていぎづ》けされて存在しているのではなく、人間が定義付けしなければ、何も論《ろん》じることが出来ない」とありました。

この知恵は（創世記第2章19・20節）にあります。

「神は、神が創《つく》られたものに、人間に名前を付けさせた」と書かれています。

この世は定義付けされて存在しているのではなく、定義付け（名前付け）は人間の自由性にまかせたものと定められた、と書かれています。

私たち人間に「この世を自由に定義付けして論じ、神のことばを理解して生きよ」と言っておられると示してくださったのです。

その証拠に、人類はこの世を自由に定義付けし、それを国語辞典や科学書に、この世を認識し理解するための基礎《きそ》となるものを記録しました。

この知恵の神意は、私たち人間に与えてくださった理解能力「理解するために与えられたものの、真を理解する」ことであると真理の霊は説明してくださいました。

真理の霊は、神から与えられて、人間は、この世を自由に定義付けし論じることが出来る、そのように、神が定められたからである、と説明してくださったのです。

「自由」は、神が、私たち人間に与えてくださったものとあります。

このようなことが理解されている能力を理解能力と言います。


知恵の中に「神は絶対《ぜったい》存在、他、全ては相対《そうたい》存在」とありました。

この知恵も旧約聖書の創世記冒頭《ぼうとう》に、神が、この世と人間を「ことば」で創造《そうぞう》されていることが書かれています。

創世記の第17章1節に、「……わたしは　全能の神である。……」と言っておられることが書かれています。

その他に、「神は、神以外の神は存在しない、神は絶対唯一《ゆいいち》の神である、全能の神である、地を造《つく》り、その上に人間を創《つく》ったのは、私だ」と言っておられることが書かれていま す。

この知恵の神意は、人間に「この世を、自由に定義付けして論じて良い」と伝えられて おられます。

例えば「時間という絶対時間は存在しない、時間は相対《そうたい》存在であるから、時間というも のを自由に定義付けして論じ『神の教え』を理解して生きよ」と言っておられると説明し てくださったのです(時間に限《かぎ》らないとあります)。

絶対時間とは、神が時間を創《つく》られたならば、それを絶対時間と言いますが、 「時間は神が創られたものではない、時間を自由に定義付けし論《ろん》じて良い」と書かれてい る。と説明してくださったのです。

その証拠《しょうこ》に、私たちが使用している時間や長さ、速さなどは、科学が「物質の運動」か ら、それらを定義付け(名前付け)し造《つく》ったものです(高校の科学の授業で教わりました)。 (例えますと、麦《むぎ》から、うどん、ラーメン、パンを作《つく》ったように、科学者は物質の運動か ら、時間や速さを作ったということです。時間や速さは、私たち人間が作ったものなので す。そこにあるのは物質の運動だけなのです)

科学は「物質の運動」を時間と定義付けし、宇宙を論《ろん》じると「宇宙には時間は存在しない」と言っております（物質時間のことです）。

「時間を自由に定義付けし論《ろん》じて良い、作って良い」とありますので、この書は人間の「心の進化」を時間と定義付けしました（精神時間のことです）。

そして、宇宙が完全調和をしていることから、「宇宙には時間は存在しない」ことになります（宇宙の絶対条件から求めることができます。くわしくご説明しますと長くなりますので書きません）。

どちらも「宇宙には時間は存在しない」と同じ答えになりました。……ここで宇宙を、科学が物質から解《と》き明《あ》かしても、この書が精神から解き明かしても、答えは全《すべ》て同じになるはずです。

その証拠《しょうこ》は、神が私たち人間に与えてくださった「知恵」の中にあった「精神と物質は同じものである」と、神が定められたものである説明をしてくださったのです（この知恵も創世記に書かれています。後ほど91ページの「創世記（神の教え）を説明される」でご説明いたします）。

神が、精神と物質は同じものであると定められたから、宇宙は、科学からだけではなく、**精神からも解明《かいめい》され説明できる**。と真理の霊は説明してくださったのです。

宇宙は、精神からも解明できる。……人類は初めて耳にされるかも知れません。

理解能力とは、このようなことを理解されている能力のことであると説明されました。

この書が「心の進化」を、科学が「物質の運動」を時間と定義付けすると、宇宙には時間は存在しなく、心と物質には時間があるように、人間には見えるということなのです。心と物質に時間があるとは、心と物質は常《つね》に変化、運動するということです。その変化、運動を時間と定義付けしたからです。そこにあるのは変化、運動だけなのです。

重要《じゅうよう》なのは、宇宙に時間は存在しないとは、宇宙の本質は永遠《えいえん》不変であることになります（この知恵も創世記に書かれています）。

（参考までに、宇宙の絶対条件を使用し、宇宙を精神から解明《かいめい》すると、時間を自由に定義付けして良いとありますから、例《たと》えば「愛」を時間とすると、こんどは宇宙には時間があるように見えますが、宇宙の本質は永遠不変となり同じ答えになります。

時間に何を定義付けしても、宇宙の本質は永遠不変と同じ答えになりました。

宇宙の本質は、完全調和した絶対永遠不変存在であるということです。

もしも、宇宙が不完全ならば宇宙には時間は存在しますが、宇宙は完全調和をしているから宇宙には時間は存在しないのです。

時間がある＝誕生変化消滅、時間が無い＝永遠不変……となります）

（詳《くわ》しくご説明しますと長くなりますので、書きません）

この宇宙の本質、「完全調和した永遠不変絶対存在、大自然の知恵」とは「神」のことであると真理の霊は説明してくださったのです（この知恵も創世記に書かれています）。

ここまでの道のりは、「科学が『物質の運動』を、この書は『心の進化』を時間と定義付けする」→「宇宙には時間は存在しない。宇宙の本質は永遠不変」→「完全調和した永遠不変の存在、大自然の知恵とは『神』である」……ここで、科学もこの書も、最後に「神」にたどり着《つ》きました。

1の「感覚領域」で、結果から原因へとたどる道が、物質のみを論じる道（科学）と、人間性のみを感じる道（この書がたどっている道）の二つの道があると真理の霊は説明されました。

この、2つの道は「神の教え」（神が定められた、神が創られたもの）ですから、**神が、科学の道も、人間性の道も、最後には神にたどり着く、と定められたもの（創られたもの）である**。と真理の霊は説明してくださったのです。

この証拠は、アインシュタイン博士が「物質とは何かと求めると、究極的に神の領域にたどり着く」と言っております。

哲学者トマス・アクィナスが「結果から原因へと求めると究極的に神にいたる」と同じことを言っています。

宗教者は、私は誰《だれ》？　と求めると究極的に無（神）にたどり着くと言っています。

この書は「味はどこから来るか、服のデザインはどこからくるか」と求めたら、最後に神にたどり着きました。

このことも、神が定められた「知恵」の中にあった「科学、宗教、哲学は、表現方法は違《ちが》っていても、本質において、みな同じことを言っている」と説明してくださったのです（この知恵も創世記に書かれています）。

物質をたどる道も、心をたどる道も、最後には神にたどり着く。このことも「知恵」にあった「物質を支配する基本法則と、心を支配する基本法則は同じものである」と、神が定められたものであると説明してくださったのです（この知恵も創世記に書かれています。後ほど１００ページご説明させていただきます）。

私たち人間が３の領域で気付かれる「知恵」は、神が定められたもので、旧約聖書の創世記に記《しる》された「知恵」であると説明してくださったのです。

「知恵」は、神から、人間に「神の教え」を理解させるために与えられたものと真理の霊は説明してくださったのです（旧約聖書には、神から人間へ与えられている知恵が書かれています）。

ここに知恵にあった、神を信じ生かされている、と気付かれないと「知恵」は与えられないと書かれています。


この世は、科学者、宗教者、哲学者、だれでも、文明が日々様々な経験をされ、学ばれ「知恵」を得《え》ています。

その様々な経験で学ばれた知恵の深い意味を理解し続けると、二つの道（科学の道、人間性の道）のどちらかを通り、全ての人（文明）が最後には「神」にたどり着《つ》くシステムになっている。と説明してくださったのです。

そして、神にたどり着き「神が宇宙を創造された」「イエス様のことばは真理である」「神が、イエス様の言っていることは真理であると証明している」と、だれでも、文明が、理解されるシステム、と「**神が定められ創《つく》られたものである**」と真理の霊は説明してくださったのです。

だれでもが神にたどり着く、**宇宙の本質は「神」である**。と真理の霊は説明してくださったのです。

この結果（物質、私は誰、味、服のデザイン……）から「神」にたどり着く道を、この書は「完全調和への進化の道」と言い、釈迦様の「中道」、イエス様の「命につづく道」と言っておられるものです。

この道は、神が、人間を、文明を進化させるために創られた道で、旧約聖書の創世記（第3章24節）に、「**いのちの木への道**」と定められ記《しる》されていると説明してくださったのです。

「いのちの木への道」とは、神が創られた進化の道で、結果から神へと続く道、1の感覚領域から4の理解領域へと続く道のことです。

「いのちの木への道」は、人間に、文明に「神」の存在を信じること、生かされていること、神の教え＝真理を理解して生きることを、知らしめる道、になっていると説明してくださったのです。

理解能力とは、このようなことを理解されている能力のことであると説明してくださったのです。

ただし、先ほど真理の霊は、「神は、神を信じ、神に生かされている、と気付かれないと、神を否定、排除すると、理解は与えられない、進化はできない、3と4の領域にはたどり着くことはできないと定められている」と説明されました（旧約聖書のイザヤ書第6章9・10節）に書かれています）。

「神を信じ、神に生かされている」と理解されるのが、3の知性能力でした。

この書は3の領域で「神を信じ神に生かされている、と気付かせていただきました」と書きました。

科学者は神を否定、排除し物質のみを論じ、日本人は神を話題にすることをタブーとし、人類（文明）は神を信じていないために「神に生かされている」「人間の存在理由」「精神と物質は同じ」「完全調和した永遠不変絶対存在が神」「神が宇宙を創造された」「いのちの木への道」という理解は、人間に、科学者に、日本人に、文明に与えられない。3の領域、4の領域にはたどり着くことはできない、進化はできないと、神が定められていると、真理の霊は説明してくださったのです。

（神が、このように定められたことも創世記に書かれています。後ほど119ページの「4つの領域と能力」でご説明いたします）

私たち人間が、3の領域で気付かれた（知恵）は、神が定められたもので、旧約聖書の創世記に書かれていると証明してくださったのです。

神が「知恵」を定められ、創世記に記《しる》されている通りに、この世、宇宙のシステムは創《つく》られている。私たち人類はそのシステムにしたがって存在している。と説明してくださったのです。

この世は、神が「ことば」で創《つく》られた。……つまり、イエス様の、神の口から出た一つ一つのことばでこの世は創られた、そして人間は生きている。＝「旧約聖書の創世記に記《しる》された、神が定められた一つ一つのことば」で、この世、宇宙のシステムは創造されている。そして人間は生かされている。と説明してくださったのです。

（この事は、創世記に詳《くわ》しく説明され書かれています。後ほど91ページからご説明いたします）

「イエス様のことば、聖書」は真理であると真理の霊は証明してくださったのです。イエス様は「わたしと父（神）は一つである（新約聖書、ヨハネ福音書第10章30節）」と言っておられます。この世、宇宙は「神、イエス様のことば、旧約、新約聖書に書かれていることば」で創られている。命につづく道「いのちの木への道」は存在する。そして全ての方が、文明が最後には「神」にたどり着くシステムになっている。私たち人類は、神に生かされている。と真理の霊は説明してくださったのです。

神が定められた知恵を、イエス様は「それゆえに、『神の知恵』も言っている。『わたしは預言者と使徒とを彼らにつかわすが、彼らはそのうちのある者を殺したり、迫害したりするであろう』」と言ったと（新約聖書、ルカ福音書第11章49節）に書かれています。

この世は、神が「ことば」で創られた「いのちの木への道」であり、神の教えを伝えられたのが、イエス様と釈迦様であると神が証明され、私たち人間は、神に生かされ、神、イエス様、釈迦様の教えを学び生き、その道を、あゆみ、未来には、「神」（完全調和）にたどり着くシステムと、神が定められ創造され、それを、旧約聖書の創世記に記《しる》し、私たち人類に伝えられたものである。

この世、宇宙は「神、イエス様のことば、旧約・新約聖書そのものである」と真理の霊は証明してくださったのです。

神が創られたこの世、宇宙「いのちの木への道」は、「感覚、感性、知性、理解」の四つの領域で創《つく》られている。

人間には、各領域を理解する、「感覚、感性、知性、理解」の四つの能力が与えられている。

神の教え「いのちの木への道」は、人類に、神の存在と信じること、生かされていることと、神の教えを理解して生きることを、知らしめる道、となっていると説明してくださったのです。

この世は、神が、私たち人間、魂《たましい》を、文明を完全調和（神）へと導くための、完全なるシステムであると証明してくださったのです。

ここに、人間の存在理由が調和された世界をつくる「完全調和への進化」であると書かれています。

（これらは神が定められたもので、創世記に書かれています。後ほど91ページの「創世記（神の教え）を説明される」でご説明いたします）


神の教えとは、神がこの世を定められ創られたことです。

ここに「神の教え」が書かれています。……神は、この世には、**「神を信じ、教えを理解して生きる道」**と、**「神を否定《ひてい》、排除《はいじょ》して生きる道」**がある。と私たち人間に伝えています。

「神を信じ、教えを理解して生きる道」を歩《あゆ》むと、人は、文明は、進化し、究極的に、神（完全調和）にたどり着く道と、神が定められこの世を創造されている。

「神を否定、排除して生きる道」を歩むと、人は、文明は3の知性領域、4の理解領域には、たどり着くことはできない、進化はできないと、神が定められていると真理の霊は説明してくださったのです。

（神が、このように定められたことも、創世記に書かれています。後ほど119ページでご説明いたします）

このようなことを、理解されているのが理解能力であると説明されました。

それから、私たちが時間と呼んでいるものは、過去から未来に向かって流れていますが、その未来とは何かと言いますと完全調和です（3の領域で、神の教え「知恵」に疑問の答えは一部をのぞいて皆、同じ答え、完全調和になるとありました）。

時間（物質時間も心の時間）も「完全調和」に向かって流れています（科学は、神を否定、排除し物質のみを論じていますので、この理解は得られないのです）。

また、時間は過去から未来に向かって流れていますが、これと反対向きに進む時間があることに気付かせていただきました（時間の定義付けから理解されると思います）。

それを反時間と名付けましたが、科学者は虚数時間《きょすう》と呼んでいます（科学は物質の運動から求めています）。

この反時間、虚数時間に乗っても過去《かこ》にもどることは出来ません。

反時間は反進化、虚数時間は、水を冷やすと氷になり、その氷を温めると水になるという意味ですが、反時間、虚数時間は同じものです。

ポアンカレ予想（一九〇四年フランス人のアンリ・ポアンカレが提示《ていじ》）、宇宙は完全か不完全か？　も精神から解明できることに気付かせていただきました。

また、宇宙の絶対条件から、宇宙構造や宇宙は無限大で果てが無い、宇宙は無限個存在することなどが求められました（物質界と霊界は同じ法則にしたがっていますので、後に霊界のしくみや構造もこれから導かれます）。

天と地、心は、神が定められた「律法《りっぽう》＝知恵、宇宙の絶対条件」に従《したが》って存在していると真理の霊は証明してくださったのです（律法とは、旧約聖書に書かれている、神が定められたこと）。

私たち人間が使用する時間は「規則正しく一定に流れていなければならない」という約《やく》束事《そくごと》があるから「物質の運動」を時間と定義付けし、私たち人間は使用しています。「心の進化」を時間とすると時間の流れは不規則《ふきそく》で、人によって違います（霊界は、物質の無い世界、心の時間で存在する世界です）。

心、物質どちらの時間も始まりがあり、終わりがあります（時間がある＝誕生変化消滅とありました)。

愛を時間とすると、始まりも終わりも無く「永遠」という時間があるだけです。

それは、神は始まりも終わりも無い、完全調和した永遠不変存在だからです。

ここに、神は、完全調和した永遠不変絶対存在である。と書かれています。

イエス様は、「わたしは、最初の者にして、最後の者、初めであり、終わりである(新約聖書のヨハネ黙示録《もくしろく》第22章13節に書かれています)」と言っています。永遠存在という意味です。同じことです。

「神、イエスの教え」=神が定められたこととは

ここまで真理の霊が伝えてくださった、私たち人間に、文明に理解させるために与えてくださった、「神の教え」=(真理)、旧約聖書の創世記に記されている、神が定められたこととは、この世は、「神、イエス様の教え、聖書」で創造されている。

宇宙の本質は「神」である。

この世は、「神、イエス様の教え」で創られた「いのちの木への道」であり、私たち人類はその道を進化し、未来には、「神」(完全調和)にたどり着くシステムと、神が定められ創造され、それを創世記に記し私たち人類に伝えられた(神が、人間を完全調和へと導

く、完全なるシステム）。

「いのちの木への道」は、人間に、文明に神の存在を信じること、神の教えを理解して生きることを、知らしめる道。

「（いのちの木）と（いのちの木への道）は、創世記にくわしく説明されています。後ほど（93ページ）ご説明いたします」

神は、この世を「神を信じ、教えを理解して生きる道」と「神を否定、排除して生きる道」とを創られた。

「神を信じ、教えを理解して生きる道」は、進化し究極的に神（完全調和）にたどり着く道。

「神を否定、排除して生きる道」は進化できない、神にたどり着けないと神が定められている。

神の教えを伝えられたのが、イエス様と釈迦様であると神が証明されている。

人間には、神の教え「いのちの木への道」、４つの領域をあゆむ（進化する）ための、４つの能力、（感覚、感性、知性、理解）の能力を与えられている。

「人は、だれが、どこで生きていても、皆、同じ事に気付いて進化する」と定められた（創世記に書かれています。後ほど１１０ページでご説明いたします）。

神は、私たち人間に、宇宙と人間を創られた理由（存在理由）を告《つ》げられたことが創世記に書かれています。後ほどご説明いたします。

人間に自由を与えたとあります（創世記に書かれています）。

私たち人類を平和で、しあわせにする知恵は、神が人間に与えてくださったもので、旧約、新約聖書、仏典に書かれている通りである。

神を否定、排除しては、「神、イエスの教え」（旧約、新約聖書）の理解は与えられない、進化は出来ないと定められている。

私たち人間が、この世で学ばれる全て、全ての理解、疑問の答えは、神が人間に与えてくださるものと定められた（旧約聖書の創世記やイザヤ書にも書かれています）。

その証拠は、イエス様も、求めよ！　神は求めるものを与《あた》えてくださる。人は、神の口から出た一つ一つのことばで生きると言っておられます（この書の最後「神の、話しことば」でご説明させていただきます）。

人間に、この世のものを自由に定義付けして論じ、「神、イエス様の教え」を理解して生き、「完全調和への進化」を求めさせた（創世記に書かれています）。

神を信じない、受け入れない人の心を「心をかたくなにされた」＝がんこ、にされた。

宇宙は論理的《ろんりてき》に創造《そうぞう》されている。だから宇宙は精神からも矛盾《むじゅん》なく論理《ろんり》的思考によって理解される。

その答えは科学が導き出したものと同じ、物質を支配する基本法則と心を支配する基本法則は同じ、精神と物質は同じと定められた。

宇宙の絶対条件は「宇宙の完全調和、宇宙の本質は1である、たった一つが全てであり、全てが一つである」。

神のことば、神の教え、神が定められた、神が創られたことは、旧約、新約聖書に書かれている通りであり、イエス様の言っておられる通りである。

天、地、心は、神が定められた「律法＝知恵、宇宙の絶対条件」に従って存在している。

全ての人に「理解能力」を与えてくださっておられますので、だれでも、神、イエス様の教えを理解され、進化されるようになっている。

知恵に「理解は勉強の出来《でき》、不出来には関係ない」とあります（私は勉強が出来ないから、真理は理解できないという、言い訳《わけ》は、できない）。

神、イエス様の教えは、だれでも理解され、進化される。これが真の平等の意味であり、全ての人は平等な存在と定められ創られている（人間を平等に創られたことも、創世記に書かれています）。

神は、神を信じて受け入れないと、神、イエス様の教えの理解は与えられないと定められている。

理解能力とは、この世そのものが「神、イエスの教え」であると理解して生きる能力と定められた。

これらは創世記に書かれていますので、91ページの「創世記（神の教え）を説明されている」で説明されています。

このようなことを理解されているのが理解能力です。

理解は勉強の出来、不出来には関係ない

人間は、1の感覚と2の感性能力を主《おも》に使用して生きていますので、勉強の出来、不出来はこの二つの能力を使用しています。

真理の理解（神の教えの理解）は、4の理解能力を使用していますので、勉強をする能力とは別能力です。

したがって、理解能力は勉強の出来、不出来とは違い、神の教えは誰でも理解されるようになっているのです。

人間は、勉強は出来なくても、だれでも真理は理解されるようになっているのです。

人類、みな平等であるという意味です。

自由

神が、人間に自由を与《あた》えたとあります。

人間の自由は、神が保障《ほしょう》されています。

他人の自由も、神が保障されています。

したがって、他人の自由を、うばう自由は無い、人は人を殺してはいけないと、神が定められています（神を信じ、受け入れないと答えは求まらないようになっています）。

真の自由とは、自分の自由を満たすのではなく、他人の自由をかなえる＝「愛」のことです（人間に、自由＝愛が与えられたと創世記に書かれています）。

この証拠《しょうこ》は……神が創られた法律「旧約聖書の出エジプト記第20章13節、十戒《じっかい》」に、「人を殺してはならない」と書かれています。

疑問の中にあった、なぜ、人は人を殺してはならないのか？　の答えは、神が、「人を殺してはならない」と定められているからなのです。

時間の相対性とは

人間に「この世の全てを自由に定義付けして論じ、神のことばを理解しなさい」と定められたとあります。

イエス様は「人は、この世に生まれてから死ぬまで、神以外のものを見ることが出来ない」と言っておられます。

神を見ているのに、五感で捉《とら》えたものを色、味、音……と、人間は名前を付けた（定義付けした）のです。

神を見ているのに、物質の運動を時間、距離、速さ……と、科学は定義付けし、宇宙には時間が存在するという間違いを犯したのです。

時間という概念《がいねん》は、神が創ったものではなく、人間がこの世を理解するために作りだしたもので、人間の心の中だけに時間は存在し（それを時間の相対性と言う）、宇宙の本質、神は完全調和した永遠不変の存在だから時間は存在しないのです。

アインシュタイン博士が（宇宙に絶対時間は存在しなく、時間は相対的なものである）と言っているのは、（科学は宇宙に時間が存在するという間違いを犯していたことに気付いた）と言っているのです。

科学が神を否定、排除することから生じた間違いに、アインシュタイン博士が気付いたものです。

もしも、科学が最初から神を論じていたならば、時間は相対的なものと気付き、アインシュタイン博士の言葉は生まれなかったのです（古代科学者は神を論じていました）。

物質、物質の運動は、神、イエス様の教え

アインシュタイン博士は、物質の運動から「宇宙に絶対時間は存在しなく、時間は相対存在である」と発見しました。

先ほどの知恵の中に、「神は、宇宙に絶対時間は存在しない、時間は相対存在である」「時間を自由に定義付けしてよい」とありました。

アインシュタイン博士も、物質の運動から、神の教えを解読《かいどく》したものだったのです。

物質、物質の運動は、「神、イエス様の教え」であると真理の霊は証明してくださったのです。

先の「神が宇宙を創造された証拠」で、星々の運動は、「神、イエス様の教え」であるとありました。同じです。

人は、だれがどこで生きていてもその環境、経験から学び得たものは「神、イエス様の教え」であるとありました。矛盾《むじゅん》していません。

全ての理解は、神が人間に与えてくださるものとあります。

科学者の大発見は、神から与えられた理解で「神の教え」だったのです。

人が、努力して発見、発明されたものは、その人が発見、発明したように見えますが、しかし、発見、発明の全ては努力の結果として、神から与えられたものなのです。

イエス様の、わたしの言っていること、行ってることの全《すべ》ては神からである。

三つに見える

この世は、三つに見える

人は、1の領域では（自分の力で生きている）、2の領域では（人々に生かされている）から、3の領域では（神を信じ生かされている）、そして4の領域では（神の教えを理解して生きる）と認識が変わりました。

神が、人類に与えてくださった知恵（教え）に「人は、だれが、どこで生きていても、みな同じ事に気付いて進化する」と定められた、とあります（神が創られた進化の道、いのちの木への道、結果から神へ続く道、1から4の領域へと続く道のことです）。

1の感覚と2の感性領域の人（文明の人）。

私たち人類は現在、1の感覚と2の感性の能力を主《おも》に使用して生き、神を信じていないために、3の知性能力は十分に使用されていなく、4の理解能力は未使用状態のため、私たち人類（文明）の進化の位置は、この1と2の（感覚、感性領域）に居《お》ります。

そのために、私たち（現代人、科学者）には、この世は物質に見え「精神と物質は別物」、「科学と宗教は別物」と認識《にんしき》されている領域に居《お》ります。

人間が自分勝手に認識されている領域です。

3の（知性領域）の人（文明）は、人間の存在理由が（完全調和への進化）と神を信じ神に生かされていると理解され、「精神と物質は同じもの」と「知恵」を理解されている人、文明です。「神を信じる領域」。

4の「理解領域」の人（文明）は、この世、宇宙は、神が、私たち人類に何かを理解させるために与えてくださったものと理解されている。

私たちに理解させるために与えてくださったことは、「私たち人間は、この世に調和された世界をつくること」。

神が、この世と私たち人間を創造されたこと。この世そのものが「神、イエス様の教え（聖書、真理）である」こと、神、イエス様、釈迦様の教えを生き「いのちの木への道」をあゆむこと、その道は「神」に続いていること。そして「神を否定、排除して生きる道」もある、と理解されている人、文明です（神の教えを理解して生きる領域）。

このように人間は、文明はその進化につれて、この世の認識《にんしき》が（精神と物質は別物）から、「精神と物質は同じもの」、そしてこの世は「『神、イエスの教え、それを理解して生きる道』と『神、イエスを否定、排除して生きる道』」がある。と3つに違《ちが》って見えると示していただいたのです。

（詳しくご説明しますと、1の感覚能力はこの世、物質を認識する能力、2の感性能力は人間性、精神を認識する能力。人類の進化は1と2の領域におりますので、精神と物質は

別物と認識されている）

このようなことを理解されているのが理解能力です。

数学、数式も三つに見える

アインシュタイン博士が発見した物質とエネルギーの関係式（$E=MC^2$）は、1と2の領域の人、現代人、科学者には単なる数式、物理法則と認識されている。

3の領域の人は「精神と物質は同じである」「進化の道」「物質とエネルギーは同じもの」と言っている数式、物理法則であると認識されている。

4の領域の人は、「神が宇宙を創造した」と言っていると理解されている。

アインシュタイン博士は「物質とは何かと求めると、究極的に神の領域にたどり着く」と言っていました。

物質から神まで、心が歩いた道とは、（$E=MC^2$）の物質とエネルギーを結ぶ線上のことです（物質から神までの道を、いのちの木への道とありました）。

このことが、神が人間に与えてくださった知恵に「物質を支配する基本法則と、心を支配する基本法則は同じ（$E=MC^2$）であるから「精神と物質は同じである」と定められているとあります。

ゆえに、「E=MC²」は「精神と物質は同じ」「進化の道」、「神が宇宙を創造した」と、言っている。数学、数式、物理法則も「神、イエスのことば、教えである」と真理の霊は説明してくださったのです。

数学、数式も神のことばである証拠は、科学者ニュートン（一六四二～一七二七年）が「神が宇宙を創造したならば、それは美しく調和しているに違いない。数学は神のことば、宇宙は数学の言葉で書かれているかもしれない。神の声を聞くために宇宙を研究した」と言っていることです。

哲学者プラトン（前四二七～三四七年）、哲学者、数学者、宗教家ピタゴラス（前五八二～四九七年）は「数学、それは神を論じるもの」と言っています。

三者は、数学、数式も、神のことばであると理解されていたのです。

先ほど、物質、物質の運動、星々の運動も、神、イエスのことばとありました。数学や数式、物質、物質の運動、時間の相対性は、ここ4の「理解領域」では、「神、イエスのことば、教えである」と示していただいたのです。

ニュートン（一六四二～一七二七年）やプラトン、ピタゴラス、画家ゴッホ（一八五三～九〇年）は、この世を「神の教え」と理解されていますので、理解領域の人たちであったということです。彼らの言葉は理解領域の人たちが発したものです。

科学が、精神や神をも論じていたならば、数式（E＝MC²）を発見した時点で「神がこの世を創造した」ことに気付かれたのです。

宇宙は物質だけで創られているのではなく、宗教や哲学、人間や心、生死、霊、死後の世界……全てがあってこの世、宇宙です。そのように導いていただきました。

「この世の認識は三つに違って見える」を、詳《くわ》しくご説明しますと、人は、様々な経験から、3の領域で気付かれた「知恵」を、ここ4の理解領域では、旧約、新約聖書に書かれている、神、イエス様の教えであると理解されます。

科学者は、物質、物質の運動から、様々な数式や物理法則を発見します（科学は今ここに居ります）。

そして4の領域では、数式や物理法則は、神、イエス様の教えであると理解されます。人が、3の領域で気付かれる知恵を、科学者は数式や物理法則として発見されるのです。知恵＝数式や物理法則……精神と物質は同じだからです。

そして4の領域では、数式や物理法則の意味を理解されたとき、旧約、新約聖書に書かれている「神、イエス様の教え」であると理解されるのです。

ここに、数式や物理法則は、「神、イエス様の教え」である。と書かれています。

神を信じて生かされていると理解しないと、数式や物理法則の意味は理解されないとあります。

ここに神の教えがあります。……**神を否定、排除して、数式や物理法則で、宇宙の全ては説明できない、理解できない。**数式や物理法則は、「神、イエス様の教えを理解して生きる」ものと書かれています。

（ここで、精神と物質が同じである証拠）

神を否定、排除して、人は、文明は3と4の領域にはたどり着けないとありました。

神を否定、排除して、数式や物理法則で、宇宙の全ては説明できない（理解できない）とあります。

これはこの世、宇宙を精神からと物質から見た違いで、神を否定、排除すると科学者も、一般の人も「進化しない」という同じ意味です。

この世、宇宙と私たちの存在理由も、三つに見える。

人はこの世に生まれて日々様々な経験をされ、学ばれるとありました。……それが1と2の（感覚と感性領域）、この世を認識《にんしき》する領域です。

様々な経験、学びから人間の、文明の存在理由が（完全調和への進化）であること、神を信じ神に生かされていること、知恵を理解するとありました。……それが3の（知性領域）、神を信じ、知恵を得る領域です。

完全調和するには、この世そのものが「神、イエス様の教え、それを理解して生きる」とありました。……それが4の「理解領域」、神の教えを理解して生きる領域です。

このように「この世は三つに見える」のです。

真理の霊は、私たち人間には、「この世を認識する」「神を信じ、知恵を得る」「神、イエス様の教え、それを理解して生きる道」と「神、イエス様を否定、排除して生きる道」と、三つを認識する能力が与えられていると示していただいたのです。

理解能力の意味

ここまで、真理の霊が説明してくださった理解能力の意味とは、神が、この世と人間を創造された、この世は「神、イエス様のことば、教え、聖書」そのものである。

宇宙の本質は「神」である。

人間の存在理由は、この世に調和された世界をつくる「完全調和への進化」である。

この世は、人間が、文明が究極的に神（完全調和）にたどり着くシステムである。

神が創られたこの世「いのちの木への道」は「人間に、文明に神の存在を信じること、神に生かされていること、神の教えを理解して生きることを、知らしめる道」。

宇宙は、４つの領域（感覚、感性、知性、理解）で創られている。

人間には、４つ能力（感覚、感性、知性、理解）が与えられている。

（１の感覚、２の感性領域）は、この世を認識《にんしき》する領域。

（３の知性領域）は、神を信じる、知恵を得る領域。

（４の理解領域）は、神の教えを理解して生きる領域。

と、三つを認識する能力が与えられている。

私たち人類（文明）の進化の位置は、１と２の「感覚、感性領域」にある。

この世は「神を信じ、教えを理解して生きる道」と「神を否定、排除して生きる道」で創《つく》られている。

「神を信じ、教えを理解して生きる道」は進化し、神まで続いている。

「神を否定、排除して生きる道」は進化しないと、神が定められている、とご説明してくださいました。

ここまで真理の霊が説明してくださった全《すべ》て（始めのページからここまで）は、神が定められ創られたもので旧約聖書の創世記《そうせいき》に書かれています。

創世記第1章〜第3章までには、神が、この世を定められ創られた構造、設計図、システムが書かれています。

「神の完全調和への導き」「人類、文明の進化と滅亡《めつぼう》の教え」「神、イエスの真理の教え」「宇宙と私たち人間を創られた理由」「私たち人類の進化の位置が1と2の《感覚、感性領域》にある理由、退化《たいか》した理由」「全ての疑問の答え、この世で日々経験、学ばれる全て」などが記《しる》されています。

理解能力は、「神のことば、教え」を理解し生きる能力です。

私たち人類は、神を信じなかったから、受け入れなかったから退化《たいか》し理解能力を使用されなくなったために、創世記が理解できなくなったと伝えられました。

旧約聖書は後世に書かれていますので、人類が退化した理由も書かれています。

真理の霊は、創世記（神、イエス様の教え、この世の真理）を伝えるために、人間に与えられている理解能力の意味をご説明してくださったのです。

私たち人間には、このような能力が与えられているのに、人類は、神を信じないから現在使用されていません。

このようなことを知りたいと思われるならば、神、イエス様を信じ「私は知りたい」と求めると良いのです。

イエス様は、求めよ！　神は求めるものを与えてくださると言っておられます。

真理の霊、遣《つか》わされた理由を伝えられる

神は、この世と私たち人間を創造され、私たち人類はこの地上に誕生《たんじょう》し、ここまで文明を築《きず》いてきました。

この世、宇宙は、神が、私たち人類に、何かを理解させるために与えてくださったものであると、ありました。

神が、私たち人類に理解させるために与えてくださったものは、「**聖書**」だけです。

真理の霊は49ページ「精神から解き明かす」でこの世、宇宙は、神、イエス様のことば、旧約、新約聖書そのものである。宇宙の本質は「神」である。と証明されました（66ページに書かれています）。

旧約聖書のエレミヤ書（第23章24節）に、神は、「天にも地にも、わたしは満《み》ちている」と言っておられることが書かれています。

無限大に広がる宇宙のどの星の人類（文明）も、その人類が進化し、宇宙に旅立とうとするとき、人類（文明）が理解していなければならない、神が定められた「**神の教え**」があります（宇宙の法則）。

私たち人類に「神の教え」を伝えるために書かれたのが、旧約、新約聖書、イエス様と釈迦《しゃか》様が伝えられたのが「神の教え」です。

「神の教え」が理解されている人類（文明）は、宇宙に旅立ち平和で、しあわせに永遠に進化されます。

「神の教え」が理解されていない人類（文明）は、宇宙に旅立つ前に、神に絶滅《ぜつめつ》させられます。

これが、神が定められた、**神の教え、宇宙の法則、宇宙の真理**であると説明してくださいました。

イエス様の「福音（神、イエス様の教え聖書）は、あらゆる民《たみ》への証《あかし》として、全世界に宣《の》べ伝えられる。それから終わりが来る（新約聖書のマタイ福音書第24章14節）」と言っておられます。

二千年間に聖書は全世界に伝えられました。

そして、私たち人類（文明）は、今、宇宙に旅立とうとしていますが、神を信じなかったから、聖書「神の教え」が理解されていません。

私たちの文明はこのままですと、神に絶滅させられるのです。

イエス様の「終わりが来たのです」（イエス様は人類の未来が見えていた）。

私たち人類を、平和で、しあわせに永遠に進化させるために、神が定められた、「**神の教え**」を伝えるために遣《つか》わされたと、ご説明してくださったのです。

「神の教え」は、旧約聖書の創世記第1～3章に書かれています。

私たち人類が、初めて耳にされる「神の教え」があると説明してくださいました。

イエス様は言われた、「真理の霊が来ると、あなたがたを導《みちび》いて真理をことごとく悟《さと》らせる」と。（新約聖書のヨハネ福音書第16章13節）

このイエス様のことばと、真理の霊が遣《つか》わされたことが真実であるとご理解していただけたと思います。

創世記（神の教え）を説明される

「神の教え」は、真理の霊が説明してくださった、「理解能力」を使用して理解されるように書かれています（理解能力とは、神の教えを理解して生きる能力とありました）。創世記には、真理の霊がここまで説明された全てが書かれています。

神が、この世と私たち人間を、どのように定められ創造されたか、その経緯《けいい》と、創られた理由（人間の存在理由）、神が定められた「神の教え」（人類、文明の進化と滅亡《めつぼう》の教え）を、私たち人類に告《つ》げられたことが記《しる》されています。

旧約聖書の冒頭《ぼうとう》に、神がこの世と人間を創られた経緯《けいい》をつづった創世記《そうせいき》が書かれていま す。

創世記第1章1節から創世記第2章7節までは、神が「ことば」で、この世、宇宙と私たち人間（肉体）を創造されていることが書かれています。

創世記第2章8節に、「神は、東の方《かた》、エデンに一つの園《その》を設《もう》け、その造った人（肉体）をそこに置《お》かれた」とあります。

この意味は、私たち人類が住む、完全調和した精神世界、天国、この世、宇宙、星、地球を創られた。人間（肉体）を地球に住《す》まわせたと書かれています。

西は、霊界（キリスト教の天国、仏教の極楽浄土、光の大指導霊、仏教の如来《にょらい》が住まわれる世界）、東は、この世、物質世界（地球）という意味です。

（くわしくご説明しますと、とても長くなりますので書きません）

創世記第2章9節に、園（星、地球）には「見るからに好《この》ましく、食べるのに良いすべての木を土から生《は》えさせた」と書かれています。

食べるに良いとは……イエス様の人（心）は神の口からでる一つ一つのことば（聖書）で生きているとあったことです。

ここに……この世、宇宙、地球、肉体は、「神、イエス様の教え、聖書」で創られていると書かれています。

人間の肉体はここで創られていますが、心がまだ創られていません。

創世記第2章9節には、また「さらに園の中央に、いのちの木、それから、善悪《ぜんあく》の知識の木を生《は》えさせた」と書かれています。

ここで……宇宙と人間の心の設計図、構造《こうぞう》が定められ創られたと書かれています。

宇宙と人間の心の中心が「いのちの木」で創られた。と書かれています。

「いのちの木」とは、真理の霊が証明してくださった宇宙の本質「神」のことです（62ページで説明されています）。

イエス様は「神、イエス様のことばの霊」と言っておられます。

「いのちの木」とは、「神または、神、イエス様のことばの霊」のことです。

「いのちの木への道」とは、「神へと続く道」のことです。

イエス様の「命、（天国）につづく門《もん》はなんとせまく、その道は細く」と言っておられます「命につづく道」のことです。

ここに……宇宙と人間の心の中心が「神または、神、イエス様のことばの霊」であると書かれています。

神は、この世を善と悪で創《つく》られた。

人間には善悪を知る能力が与えられたと書かれています。

創世記の第2章10〜14節、ここには、この世、宇宙は、4つの領域（感覚、感性、知性、理解）で創られた、とあります。

人間の心には、4つの能力（感覚、感性、知性、理解）を与えられたと書かれています。

（くわしくは、この後にご説明させていただきます）

ここまでで、宇宙と人間の心を創られた構造、設計図が完成《かんせい》されています。

宇宙は、中心が「宇宙の本質が神」＋4つの領域（感覚、感性、知性、理解）＋（善と悪）で創られた。

人間の心は、「中心が（神または、神、イエス様のことばの霊）＋4つの能力（感覚、感性、知性、理解）＋（善悪を知る能力）」と創られたと書かれています。

そして、心に肉体を与えられ人間になったと書かれています。

人間＝「心＋肉体」であると書かれています。ここで、私たち人間が完成されています。

（くわしくは、この後にご説明させていただきます）


創世記第2章15節に「神は、私たち人の始まり（アダム）を、エデンの園（見るからに好《この》ましい＝天国、完全調和、4の理解領域）に置いた」とあります。

私たち始めの人は完全な人間として創られた。と書かれています。

4の理解領域、天国に置かれ、調和した社会であったと書かれています。

この世は初め、天国だったとあります。

ただし、人間は善も悪もまだ何も知らない状態《じょうたい》です。

創世記の冒頭《ぼうとう》から、ここまでは、神が「ことば」で、この世、宇宙と人間の心、肉体を創られた設計図と経緯《けいい》が書かれています。

神は、完全調和した存在だから、創られた宇宙も人間も完全だったとあります。

創世記第2章16節に、完全として創られた（善も悪もまだ何も知らない）私たち人類の始めの人に、神は「あなたは、園のどの木からでも思いのまま食べてよい。しかし、善悪《ぜんあく》の知識の木からは取って食べてはならない。それを取って食べるとき、あなたは必《かなら》ず死ぬ、と仰《おお》せられた」と書かれています。……神が、最初に私たち人間に語られた「ことば＝神の教え」です。

ここに、神が、私たち人間に、宇宙と私たち人間を創られた理由、（宇宙と私たちの存在理由）＝神がこの世、宇宙をどのように定められ創造されたか「神の教え」を「お話ししてくださった」と書かれています（神が定められたこと＝神の教え）。

この「神の教え」の意味は、神は、「私たち人間にエデンの園（星、地球）の、どの木からでも思いのまま取って食べてよい」……ここに、私たち人類は「神に導かれている。神から与えられた。神に生かされている」と書かれています。

導かれている。……私たち人間が（完全調和）へと導かれている＝「愛」が与えられた。ことが書かれています（神の、完全調和への導き＝愛）。

思いのまま＝自由＝愛、が私たち人間に与えられたことが書かれています。

与えられた。……「神、イエス様の教え」を理解させるために、この世、宇宙を、私たち人間に与えられたことが書かれています。

私たちは導かれ、与えられている＝全ての理解は神から与えられる。……神が創られた、この世（エデンの園の、どの木からでも）を自由に定義付けして論じ、「神の教え」を理解し生きる（取って食べる、生かされている）ことです。

ここに「知恵」にあった「この世は定義付けされて存在しているのではなく、人間が定義付けしなければ、何も論《ろん》じることが出来ない」「自由に定義付けしてよい」と定められたことが書かれています。

神が、私たち人類に告《つ》げられた、創られた理由（存在理由）とは

神は、なぜに「善悪の知識の木」を生《は》えさせ、それから取って食べるな、と言われたのか？　……ここに、神が定められた「神の教え」が書かれています。

善悪の知識の木も、見るからに好《この》ましく、食べるのに良い、と書かれています。

それなのに、神の教えは、「取って食べるな」と言っておられます。

「**取って食べない**」とは……「神を信じ、教えを理解して生きる道」のことです。

善を生きる（人間が、文明が4つの能力〈感覚、感性、知性、理解の能力〉を使用し、神まで平和で、しあわせに永遠に進化する道）、この書がたどっている道のことです。

「**取って食べる**」ことは……善悪の知識を使用する。神、神の教えを無視、信じない、否定、排除する、神にそむく生き方のことです。悪を生きる。人間が、文明が進化しない道

のことです。

ここに、神が、この世を善と悪で創られたとあった、善悪の意味が書かれています。

ここに神の教え……この世を善（神を信じ、教えを理解して生きる道）と悪（神を否定、排除して生きる道）で創造された。どちらの道を生きるかは、神が人間に、人類に与えられた自由であると書かれています。

ここに……私たち人間が善と悪を区別《くべつ》する基準《きじゅん》が書かれています。

善とは……神、イエス様の教えを理解し生きることであるとあります。

悪とは……神、イエス様の教えを無視、したがわない生き方であるとあります。


「神は、善悪《ぜんあく》の知識の木からは取って食べてはならない。

それを取って食べるとき、あなたは必《かなら》ず死ぬと仰《おお》せられた」と書かれています。

この教えは……神は、「取って食べる」とき＝悪（神を信じない、否定、排除して生きる道）を生きると、必ず絶滅《ぜつめつ》する」と、私たち人間に「お話ししてくださった」と書かれています。

ここに神の教え……この世は善（文明が神まで進化する道）と悪（文明が神に絶滅させられる道）で創られた……と書かれています。

どちらを生きるかは人間、文明の自由に任《まか》されていると書かれています。

しかし、神は、私たち人間に、神の教え「取って食べるな！」と言っておられます。……神を信じ、神の教えを理解して生きよ！　と言っておられるのです。

この世と私たち人間を創造された絶対唯一《ゆいいつ》の神を、神として信じ教えを理解して生きよ！　と「お話ししてくださった」と書かれています。

この「神の教え」は、「神が、私たち人類に与えられた法律、十戒にもあります。……神は、わたしのほかに、ほかの神々があってはならない、偶像《ぐうぞう》を造ってはならない、どんな形をも造ってはならない」（旧約聖書の出エジプト記第20章３〜６節）と書かれています。

ここに神の教え……神は、私たち人類に、神の教えを生きよ（文明が４つの能力を使用し、神まで進化する道）を歩《あゆ》めと「お話ししてくださった」と書かれています。（神の、完全調和への導き）

ここに、宇宙と私たち人間を創られた理由（宇宙と私たちの存在理由）が、神の教えを生きよ＝「神を信じ、神の教えを理解して生きよ」と、私たち人類に、「ことば」で告げられ、この世を創造されたと説明してくださったのです。

この証拠は、先ほど、真理の霊は、神が創られたこの世「いのちの木への道」と、私たち人間に与えてくださった4つの能力が、3の領域と知性能力は、「神を信じる領域、能力」。4の領域と理解能力は、「神の教えを理解して生きる領域、能力」であると説明されました。

神が創られたこの世「いのちの木への道」は「神を信じ、神の教えを理解して生きる」「道」と創造されています。

神が、私たち人間に与えてくださった能力は「神を信じ、神の教えを理解して生きる」「能力」と創られている。と説明してくださいました。

たしかに、神が定められ創られた宇宙と人間の心は、「神を信じ、神の教えを理解して生きる」という、神の「話しことば」で創られています（イエス様の、神の口から出た1つ1つのことばで人間は生きているとありました）。

ここに神の教え……知恵にあった「物質（宇宙）を支配する基本法則と、心を支配する基本法則は同じ、精神と物質は同じもの」と定められたと説明してくださったのです。

旧約聖書のエレミヤ書（第7章23節）に、神は「わたしの声に聞き従《したが》いなさい……あなたがたを、しあわせ、にするために、わたしの命《めい》じるすべての道を歩んで幸いを得なさい」と言ったと書かれています。

ここに神の教え……神は（神を信じ、神の教えを理解して生きよ。4つの能力を使用して生きる）と、平和で、しあわせに永遠に進化させる。そして、この道を歩め、と「お話ししてくださった」と書かれています。

神の命じる全てのことばは、旧約、新約聖書に書かれています。

神、自《みずか》ら、この世を善（神を信じ、教えを理解して生きる道）と悪（神を否定、排除して生きる道）を創られた。

私たち人間に「神を信じ、神の教えを理解して生きる。4つの能力を使用して生きる」と、平和で、しあわせに永遠に進化させる。

「神を、否定、排除して生きる」と必ず絶滅する。進化させないと定められた。

始めの人類には（神を信じ、教えを理解して生きよ）と「ことば」でお話しされた。

後世の人々には旧約聖書の創世記に記《しる》し伝えられた。

神の命じる全てのことばは、旧約、新約聖書に書かれている。

イエス様と釈迦様が伝えられたのが「神の教え」である。

と真理の霊は、説明してくださったのです。

ここに神の教え……**「神は、進化は、私たち人類が神を信じて生きると与えてくださる」**と書かれています（進化は神から与えられる）。

神は、私たち人間に、「神、イエス様、釈迦様を信じ、教えを生きる」道は、「神、完全調和」へと導かれると書かれています。

旧約、新約聖書には、神、イエス様が「神、イエス様の教えを生きよ」と言われていること、その教えが書かれているだけです。

この世を、数式や物理法則で創られたのではなく、だれにでもわかるように、「神を信じ、神の教えを理解して生きよ」という、神の「話しことば」で創られたと書かれています（イエス様の、神の口から出た「ことば」でこの世は創られたとありました）。

神の教えを伝えられたのが、イエス様と釈迦様であるとあります。

人の作った神（偶像《ぐうぞう》や仏像）、人や動物を神とするものではなく、人の教えではなく、神、イエス様、釈迦様の教えを理解して生きよ。と定められたと書かれています。

科学は現在、神を否定《ひてい》、排除《はいじょ》し、物質のみを論《ろん》じています（物質を信じて生きている方々）。

神は、物質から求めた数式や物理法則を使って「神、イエス様を信じ、教えを理解して生きよ」と言っておられます。

親は子供に、愛している、と言葉で伝えますが、数式で伝える親はおられません。愛している、という数式は発見されていません。意志を伝えるのは言葉です。

旧約聖書の冒頭《ぼうとう》に、だれにでもわかるように、神は、「ことば」でこの世と人間を創られた。この世そのものが「神、イエス様のことば、教え」と書かれています。

旧約、新約聖書は、数式や物理法則で書かれていません。だれにでもわかるように漢字《かんじ》には「振り仮名」が書かれています。……（神の完全調和への導き、愛です）

ここに……人間の存在理由は、この世に調和された世界をつくる「完全調和への進化」であると、神が定められたと書かれています。

ここに神の教え……科学者が、禅修行者が、だれでも、神を信じて受け入れないと、人間の存在理由の答えは求まらない（理解は与えられない）と書かれています。

この世、宇宙の意味は難解《なんかい》ではなく、だれにでもわかるように、「神、イエス様、釈迦様を信じ、教えを理解して生きよ」と説明されました。

（この世は三つに見える）

4の理解領域の人、文明は、この世、宇宙は、神の教え＝「神、イエス様、釈迦様を信じ、教えを理解して生きよ」と「神のことば、教え、聖書」で創られている。と理解されて生きている。

神のことば、教え＝宗教の領域、科学はエネルギーを取り扱《あつか》う領域。

3の知性領域の人、文明は、この世、神の教えを「物質（宇宙）を支配する基本法則と、心を支配する基本法則は同じ、精神と物質は同じもの、科学と宗教は同じもの、科学者は物質とエネルギーは同じもの」と、「知恵」として理解されている。

1と2の感覚、感性領域の人（現代人、科学者）は、神を否定、排除し、神に生かされていると気付かれていないために、この世「神、イエス様の教え、聖書」を、物質宇宙と認識している。

神を否定、排除するとこの世は物質にしか見えない、と説明されました。現代科学です。

精神と物質は同じもの＝科学と宗教は同じものです＝物質とエネルギーは同じもの。

宗教と科学、物質とエネルギーはこの世、宇宙を見る位置の違いにすぎないのです。

神のことば、精神、エネルギーは同意語です。

科学、哲学、宗教は、この世を見る位置の違いで、同じものの一面を見ているだけなのです（神は、そのようにこの世を創られたということです）。


旧約聖書も、三つに見える。

1と2の「感覚、感性領域」は、この世を認識する領域でした。

創世記～エステル記までは、神がこの世をさだめられ、創造されたことが書かれています。

3の知性領域は、神を信じ「知恵」を理解する領域でした。

ヨブ記～雅歌《がか》までは「知恵」が書かれています。

4の理解領域は、「神のことば、教えを理解して生きる」でした。

イザヤ書～マラキ書までは、「神の教え」が書かれています。


神は、私たち始《はじ》めの人類には、だれにでもわかるように「神を信じ、神の教えを理解して生きよ。4つの能力を使用して生きよ」（文明が平和で、しあわせに、神まで進化する道）を歩めと「お話ししてくださった」と書かれています。

創世記第3章に、ヘビ（悪霊）は、（善も悪も何も知らない）私たちの始めの人類（アダムとエバ）に、「神が食べてならないと言われた園の中央の木（善悪を知る知識の木）

から取って食べると神のように善悪を知る者になることを、神は知っておられる」といって誘惑《ゆうわく》しています。

ここに神の教え……神は善悪を知る全能の存在であると書かれています。

ここに神の教え……この世には善と悪がある。人間にはどちらを選択《せんたく》するか自由であると書かれています。

ここに神の教え……この世に善と悪があるのは、人間が真に神を信じるか悪霊に試《こころ》みられる。と書かれています。

イエス様も、悪霊（サタン）に試みられたことが聖書に書かれています。

この書は3の領域で悪霊に試みられたと書きました。

人間は、この世で善と悪の選択《せんたく》を求められていると書かれています。

私たち始めの人類アダムとエバは、ヘビ（悪霊）にすすめられ「善悪の知識の木」から取って食べ善悪を知るようになり、目が開《ひら》けて自分たちが裸《はだか》であることを知った、「神の教えを物質と認識した」と書かれています（創世記第3章7節）……始め人類は、神、神の教えを無視する、神を信じないという「悪」が生まれたと書かれています。

私たち始めの人類は、神の声に聞き従《したが》わず悪「神を否定、排除して生きる道」（神に絶滅させられる道）を選択《せんたく》し生きたと書かれています。

そして人間は善悪を知り「神の子」になったとあります。

ここに……私たち人類は「神の子」であると書かれています。

ここに……人間の心は悪に誘惑《ゆうわく》されやすいと書かれています。

悪霊に導かれて知ったものには悪意があり、その行いは悪行で、神を否定、排除、神の教えにそむく、無視すると書かれています。

創世記第3章13節に、神は、（神に絶滅させられる道）を選《えら》んで生きる私たちに人間に、「あなたは、いったいなんということをしたのか」と、怒《おこ》られたことが書かれています。

ここに神の教え……私たち人間が、神を無視、信じない生き方をすると、「神は怒る」と書かれています。

創世記第3章17節に、「……食べるなと私が命じた木（善悪の知識の木）から取って食べたから、土地は、のろわれ……とあります。……地（地球）と人間世界の霊的レベルが、4の理解領域から低下（退化《たいか》した）」と書かれています。

この意味は、私たち人間が「神を無視、信じない」という間違いを犯し、「神の教え」を「精神と物質」と認識する領域に退化《たいか》した。……神から遠《とお》ざかったと書かれています。

地球も人間の心も、4の理解領域から、3の知性領域へと退化したことが書かれています。

ここに……退化は、私たち人類の1世代で始まり、4の理解能力の使用は、ここで、忘《わす》れ去《さ》られたことが書かれています。

ここに……私たち人間が、神を無視、信じないという間違いを犯し、理解能力を使用されなくなり、「神のことば、教え、聖書」が理解できなくなった。「神のことば」を物質と認識《にんしき》したと書かれています。（神を否定、排除すると、この世は物質にしか見えない）とありました。

（理解能力とは、神の教えを理解して生きる能力とありました。完全な霊的知覚能力）

「神の教え」を理解できなくなった私たち人間は、地球の完全調和を乱《みだ》したと書かれています。

ここに……地球も「神の教え」で創られています。私たち人類が神を否定、排除して生きたから、地球の環境が悪化《あっか》し、天変地異、災害が起こったと書かれています。

そして、「神の教え」を理解できなくなった、私たち人間を、創世記第3章17～19節に「一生、苦《くる》しんで食を得《え》なければならない……顔に汗《あせ》して糧《かて》を得させた」と定められた、と書かれています。

創世記第3章21節に、神は、衣《ころも》は、私たち最初の人類には、皮の衣を作り着せてくださった。とあります。……私たち人間に、生きる知恵や思いやり、愛が与えられたことが書かれています。

ここに、神が、服をデザインし創られたと書かれています。

（この書は、服のデザインは、どこから来るかと求めたら、神にたどり着きましたと書きました。創世記に書かれていたのです）

食は、私たち人間に生きるために土地を耕《たがや》して食、糧を得させたとあります。……それが、神が、私たち人間に与えてくださった、1の領域の（感覚能力）が、生きるために衣食住を得る能力とありました。

神は、私たち人間を、「いのちの木への道」（イエスの命につづく道）（釈迦の中道）（完全調和への進化の道）の始まり、1の（感覚領域）この世、「神、イエスの教え、聖書」を（物質）と認識する領域に退化させたとあります。

その証拠が創世記第3章23節によりますと、主なる神は、私たち（アダムとエバ）を「エデンの園（天国、完全調和、4の理解領域）から追《お》い出した……退化《たいか》させられた」と書かれています。

ここに……神は、始めの人類を、神の教えを無視、信じないという間違いを犯し、神の教えを理解できなくなったから4の理解領域から、1と2（感覚、感性）領域に退化させたと書かれている、と説明してくださったのです。

私たち始めの人類は（1の感覚、2の感性領域）に退化させられた。この世（神、イエスの教え）を、物質と認識する領域に置《お》かれたと書かれています。

私たち人類（文明）の現在の進化の位置も、1と2（感覚、感性）領域にあって、神、イエスの教え（聖書）が理解されず、この世を物質宇宙と認識しています。

私たち人類は、始めの人類（アダムとエバ）の文明から現代まで、進化していないと伝えられました。


神は、私たち人間に、生きるために衣食住を求めさせたと書かれています。

私たち人間が、生きるために土地を耕し、お米や野菜を作っているのは、神が定められたものと書かれています（人間に収入を得るために、仕事をしなさいと書かれています）。

お米や野菜を育てるのに、太陽を照《て》らせ、雨を降らせたのは、神であると旧約聖書に書かれています。

お米が実って黄色になるのは、トマトが赤くなるのは、神が人間に取って食べて良いという教えであるとあります。

ここに、神が、食べ物をデザインし、野菜やその味を創られたと書かれています。

人間が、生きるために必要な衣食住は、神が、この世（地球）を創り与えてくださった。と書かれています（神の愛）。

ここに、結果から原因へと求めると、究極的に神にいたると書かれています。

ここに神の教え……衣食住を必要な人に、それらを無償《むしょう》で差し出す、愛の教えが書かれています。神は愛であると書かれています。


神は、私たち始め人間の進化の位置、1と2の領域で、一生、顔に汗して苦しんで、生きるために衣食住を求めさせることで、日々様々な経験をさせ学ばせ、存在理由が「完全調和への進化」であること、神を信じること、神に生かされていることを理解させ（3の知性領域へ）、そして、神の教えを理解して生きる（4の理解領域）へと進化するように定められた。と書かれています。

人間に、衣食住が与えられていないのは、それらを求めて生きることで、神の存在に気付かせ、教えを理解して生きるように、この世を、人間を創られたと書かれています。

神は、私たち人間を完全なものとして創られたが、神、神の教えを無視、信じないという間違いを犯したから、間違いの修正（神を信じ、神の教えを理解して生きる）＝（完全調和への進化）を求めさせた（定められた）と説明してくださったのです。

「いのちの木への道」は「人間に、神の存在と信じること、神の教えを理解して生きることを、知らしめる道」とありました。

ここに神の教え……私たち人間を、文明を1の領域から4の領域まで、導いておられるのは「神」であると説明してくださいました（神の、完全調和への導き）。

ここに神の教え……間違いを犯した人間、文明を退化《たいか》させ、間違いの修正（神を信じ、教えを理解して生きる）まで、神は導かれる。と定められたことが書かれています（神の完全調和への導き）。

ここに……人間に善なる心があることに気付かせ、善で生きよ、と導かれると書かれています。

「神の教え」とは、「イエス様と釈迦様の教えを生きよ」と、神が言っておられるとありました。私たち人類を、日々完全調和へと導かれていることが書かれています。

神は、私たち始め人類が、文明が「神に絶滅させられる道」を歩んでいるから、神の教えを理解して生きる「神まで進化する道」を歩めと、導いておられると書かれています。

「顔に汗《あせ》して」とあります。……私たちが生きるために衣食住を得るのに顔に汗するのは、神が定められたとあります（そのように肉体を造《つく》られたとあります）。

心には、私たち人間に「苦《くる》しみ」を与えたとあります。

ここに神の教え……心と肉体は別もの、知恵にあった「肉体は私ではない」と書かれています（心と肉体を別々に創られたことが、創世記に書かれていました。後半にもご説明いたします）。

私たち人間に、苦しみを与えた理由が書かれています。

旧約聖書の申命記《しんめいき》第８章16節に「……主……それはあなたを苦しめ、あなたを試《こころ》み、ついには、あなたをしあわせにするためであった」と書かれています。

ここに神の教え……「神、イエス様、釈迦様は、私たち人類を平和で、しあわせに永遠に進化させるために、苦しめ試み、導いてくださっておられる」と書かれています。……

（神の、完全調和への導き）

神は、私たち人間を苦しめ、試みられる……人類調和のために努力しなさいと言っておられます。

しあわせは、神が、私たち人間に、文明に努力すると与えてくださるものとあります。

完全調和への進化は、私たち人類を平和で、しあわせに永遠に進化させるためと書かれています。

ところが、創世記第4章8節に、二世代、アダムとエバの子カインが弟アベルを殺した、とあります。……私たち人間から出た悪が行ったものです。

その後も、神、神の教えを無視、否定し「神に絶滅させられる道」を歩み続けた、私たち人類（文明）は創世記第6章11節に「世は、神の前に堕落《だらく》し、地は暴虐《ぼうぎゃく》に満《み》ちた」となったと書かれています。……悪で満ちていた。さらに（地獄《じごく》の領域へと）退化したことを物語っているのです。

ここに……悪（神に絶滅させられる道）を人間が、文明が生きると、人間にある善なる心があることを忘《わす》れると書かれています。

ここに神の教え……善なる心を忘れた私たち人類が、神、神の教えを無視、信じない生き方（神に絶滅させられる道）を生きると、文明は争《あらそ》いや戦争になると（定められた）と書かれています。

創世記第6章6節に「神は、争いや戦争する私たち人類を造《つく》ったことを悔《く》や》み、心を痛《いた》められた」と書かれています。

私たち人間が、この世に創られて初めて行ったことが、悪に誘惑され善悪の知識の木から取って食べ、神、神の教えを無視、信じないという間違いを犯し（神に絶滅させられる道）を歩《あゆ》んだ。と書かれています（人間を悪に誘惑するのは、悪霊と書かれています）。

創世記第8章21節に「神は心で『……人間の心の思い計《はか》ることは、初めから悪である……』」と言っておられます。

神は、神を無視した私たち人類を完全調和（文明が神まで進化する道）を歩めと導《みちび》かれておられるのに、私たち人間は、神の教えをことごとく無視、信じない生き方（神に絶滅させられる道）を歩み続け、争いや戦争になったと書かれています。

（旧約聖書、全般にわたって、私たち人間が、神の教えを無視、信じない生き方をし、神に怒《おこ》られていることが書かれています）


善悪の知識の木から取って食べるとは……人間から出た悪で、神、神の教えを、見ても見ず、聞いても聞かず、神を否定、排除、信じない、悪の道を生きるとあります。

（イエス様も、神を信じない、それが罪《つみ》だと言っておられます）

しあわせや愛、進化、やさしさ、思いやり、自由、平等、理解、進化は、神が人間に与えてくださるものであり、人間から出たものは初めから悪であると神が言っておられます。

神、イエス様は、神を信じなさいと言っておられます。

異なる神……人が作った神（人や偶像、仏像、太陽や自然物を神として崇《あが》める）を神は、

「それは私ではない、この世と人間を創造したのが私だ」と言っておられることが旧約聖書に書かれています。

旧約聖書には、人のことばの書が含まれています。神のことばは、神のことばとして書かれています。試みられていることが書かれています。

創世記第2章17節に「しかし善悪の知識の木から取って食べてはならない。それを取って食べると必ず死ぬとおおせられた」……ここに神は、人類（文明）が悪（神を否定、排除する道）を歩《あゆ》むと、必ず絶滅《ぜつめつ》すると「ことば」で伝えられたと書かれています。（人間から出た悪で生きる＝神を無視、信じない、否定、排除するという罪《つみ》を犯す生き方をすると人間は死ぬと書かれています）

イエス様も「……。あなた方（私たち人間）は自分の罪のうちに死ぬことになる」（ヨハネ福音書第8章24節）と言っておられます。

旧約聖書（イザヤ書、エレミヤ書）に……神は「わたしは、終わりの事を初めから告《つ》げ、……わたしのはかりごとは成就《じょうじゅ》する。悔《く》い改《あらた》めればゆるす」と書かれています。

ここに神の教え……神は、人類（文明）を絶滅《ぜつめつ》するときは前もって、私たち人類に「悔い改めよ！」と告《つ》げる、と書かれています。

悔い改めたならば「ゆるす」、悔い改めなければ「絶滅する」と書かれています。

イエス様も「イスラエルの民に、悔い改めなければ滅《ほろ》びる」と伝えられました。

（ルカの福音書第13章3節）


ここに神の教え……終わりの事（神を否定、排除する文明は必ず絶滅させる）と、初めの人類には「ことば」でお話しされた。後世の人々には創世記に記《しる》し伝えられた。神は、絶滅するときは前もって「悔い改めよ」と告げる。悔い改めたならば「ゆるす」と書かれています。


神は、アダムとエバの文明は神を否定、排除し、神に完全調和へと導かれても、悔《く》い改《あらた》めなかったから、ノアの時代に正しい人を残し、神、神の教えを無視、信じないという間違いを犯し、争いや戦争した人達を絶滅《ぜつめつ》したと書かれています。

私たち人間が、神に絶滅させられる道を歩むと、地球の環境が悪化するとあった、災害（洪水）で絶滅したと書かれています。

ノアの箱舟《はこぶね》の出来事として創世記に書かれています（神が、人間を善と悪に分けた、最後の審判《しんぱん》の意味です）。

アダムとエバが犯《おか》した罪《つみ》が、後世のノアの時代に絶滅させられたとあります。十戒に書かれています。……神は、わたしを憎《にく》む者には、父の、とが（罪）を子に報《むく》い、三代、四代にまで及《およ》ぼすと書かれています。

イエス様もマタイ福音書第23章35節に、先祖《せんぞ》が犯《おか》した罪《つみ》が、あなたたちにふりかかってくるであろう、と言っておられます。

ここに神の教え……神を否定、排除することは、神を憎《にく》むことだと書かれています。先祖が犯した罪《つみ》を、子がまた同じ罪を犯し、三代、四代も同じ間違いを犯しているならば必ず絶滅すると書かれています。

ここに神の教え……**神は、神を否定、排除し、争いや戦争する人類は必ず絶滅させる。神を信じる少数の人々によって文明の再生《さいせい》を行わせる**、と定められたと書かれています（旧約聖書のイザヤ書第65章8節に、神は全ての人をことごとく絶滅させないと書かれています）。

ここに神の教え……人間が「神、イエス様を信じ、教えを理解して生きる」まで文明の再生を行わせると書かれています。

旧約聖書には、ノアの文明以後、神は、イスラエルの民《たみ》を導かれたことが書かれています。イスラエルの民も神を無視、信じない文明で、預言者を遣《つか》わしても、悔い改めなかったから、絶滅と再生をさせられたことが書かれています。

地上で過去《かこ》に栄《さか》えた文明が、神の教えを無視し、消《き》え去《さ》ったことです。預言者とは神の教えを、人々に伝える人と聖書に書かれています。

イエス様は、私を信じる教えを理解して生きる人は裁《さば》かれない、救《すく》うと言っておられます。

旧約聖書のエゼキエル書第18章21～24節に、神は、悪人でも、自分の犯《おか》したすべての罪《つみ》から、立ちかえり、わたしのすべてのおきてを守《まも》り生きるならば、必ず生きる。死ぬことはない。科《とが》は覚《おぼ》えられることはないと書かれています。

4つの領域と能力

出会わせていただいた著書《ちょしょ》の中で、4つの領域と能力、「いのちの木への道」の存在を発見し伝えられていた方が、哲学者プラトンとスウェーデンボルグ（十八世紀のスウェーデン人）です。

神が創られた「いのちの木への道」の、4つの領域と能力には名前は付いておりません。

名前を付けるのは、それを発見した人の自由にまかせられています。旧約聖書（創世記第2章19・20節）に、「神が創られたものに、人に名前を付けさせた」と書かれています。

4つの領域と能力を（感覚、感性、知性、理解）と名称《めいしょう》付けし区別したのはプラトンです（スウェーデンボルグは別名称です）。

この書は、プラトンの名称を使用させていただいております。

旧約聖書では、4つの領域と能力を一つの川が、この園（エデンの園）をうるおすため、エデンから出ており、そこから分《わ》かれて、4つの源《みなもと》となっていた（創世記第2章10節）。同じく11節に、第一のものの名は、ピション。それはハビラの全土を巡《めぐ》って流れる。そこには金があった。

その地の金は、良質《りょうしつ》で、また、そこにはベドラハと、しまめのうもあった。

第二の川の名はギホン。それはクシュの全土を巡《めぐ》って流れる。

第三の川の名はティグリス。それはアシュルの東を流れる。

第四の川、それはユーフラテスである。（原文）、と書かれているだけです。

四つの川の名前と、その流れとして、あまりにも短《みじか》く、簡単《かんたん》に、これが、4つの領域と能力、「いのちの木への道」の意味であると理解されないように書かれています。

理解されないように書かれたのではなく、人間が神を信じないから進化できず、4つの領域と能力のことであると理解されなくなったのです。

私たち人類が、神を信じ進化し、4の領域にたどり着くと「神の教え」が理解されるように書かれています。


ここに、イエス様が、真理の霊を遣《つか》わされ、創世記に書かれている「神の教え」をご説明してくださっておられるのです。


旧約聖書は、人類の歴史を残すために、4の理解領域の人達によって書かれたと言われています。

理解領域の人達には、「いのちの木への道」（4つの領域と能力）の存在と、その意味を常識として理解されていたはずです（ここの理解領域の人達とは、理解領域の上限以上の人達で、完全な霊的知覚を持つ、優れた預言者のこと）。

私たち人類は、現在、神を否定、排除する。神に生かされていると気付かれていない領域（1と2の感覚、感性領域）に居《お》ります。

神は、「神を信じ、神に生かされている」と受け入れないと、理解は与えられないと定められているとありました。

1と2の領域にある私たち人類には、理解は与えられない、神を信じる人には理解は与えられると書かれています。

そのように定められたことが、創世記第3章24節に書かれています。

神は、「いのちの木からも取って食べないように、私たち人間をエデンの園から追放《ついほう》し、『いのちの木への道』を守るため、エデンの東に、ケルビムと、輪《わ》を描《えが》いて回《まわ》る炎《ほのお》の剣《けん》を置《お》かれた」と書かれています。

この意味は、神は、神を否定、排除する私たち人間を（1と2の感覚、感性領域）に退化させ、神の存在を知られないようにされた。そしてエデンの園（天国）へ続く道、「いのちの木への道」を発見されないようにされたということです。

ここに神の教え……神の教えを無視したから、人間の心を（神を否定、排除する、神を信じないように、見ても見ず、聞いても聞かずと、がんこにされた）のは、神であると書かれています。

ここに神の教え……知恵にあった、神を信じない、否定《ひてい》、排除《はいじょ》しては何も理解は与えられないと、神が定められたことが書かれています。

ここに神の教え……聖書が書かれたのは、「神、イエス様の教え」を記《しる》し、3の領域で

「神を信じること、生かされている」と理解させ、4の領域で「神の教えを理解して生きる」と理解させるためであると書かれています。……「神の、完全調和への導き」その証拠は、旧約聖書のイザヤ書第43章10～13節にも、神は、この世と人間を創られた神を、真の神として信じ、教えを生きる人のみに、理解は与えられると定められたことが書かれています。

神は、異なる神（人間が作った神、人や偶像、仏像、山など）は、それは、私ではない、それらを信じるなと言っておられることが書かれています（十戒に書かれています）。

旧約、新約聖書は「神、イエスを信じ、教えを理解して生きよ」と記され、私たち人類に伝えるために書かれたと真理の霊は示してくださったのです。

ここでの真理の霊が伝えてくださった「神、イエス様の教え」は、私たち始め人類は、神、神の教えを、無視、信じないという間違いを犯したと書かれています。

神の教えは「神、イエス様、釈迦様を信じ、教えを理解して生きよ」と定められ、この世と私たちを創られた。それを始めの人類には「話しことば」で告げられた。後世の人々には創世記に記し伝えられたとあります。

私たち人類は、「神に導かれている、与えられた、生かされている」とあります。

私たちは、神に、導かれ、この世を与えられ、生かされている、と気付かれるようになっているのです。全ての理解は神から与えられるとありました。

私たち人間は進化の過程で存在理由が「神、イエス様、釈迦様を信じ、の教えを理解して生きる」と、理解されるようになっているのです。

神は、私たちをしあわせにするために、苦しめ試み、導いてくださっておられる。とあります。

私たちが、人生の意味の答えを求めて苦しみ悩むこと、科学者や数学者は真理を求めて苦しみ続ける代償《だいしょう》として、真理は与えられると言っております。

努力する人には理解が与えられるとあります。

神は、私たちを、試みられるとあります。

神は、この世に善と悪を創られ、どちらを生きるか人間を試みられるとあります。

その例として、3の知性領域の試みられるで、この世と人間を創造した神を、真の神として信じるか試みられたと書きました。

神は、間違いを犯した人間を、退化させ、「間違いの修正」を求めさせ、そして全ての人間を完全調和へと導かれる。とあります（地獄の世界へ退化させ、犯した間違いの修正を求められることです）。

理解は、理解領域で与えられる、とあります。

この世は数学や物理法則で創られたのではない「神の教え」で創られていると書かれています。

人の教えを生きるな、神、イエス様、釈迦様の教えを生きよとあります。

神を否定、排除する文明は絶滅《ぜつめつ》させる。神を信じる少数の人々によって文明の再生《さいせい》が行われる、とあります。

神に絶滅させられる道を歩むと、地上に災害がおこる。とあります。


その他の認識の分裂（人間が犯している間違い）、知恵に、「理解は勉強の出来、不出来に関係ない」、全ての存在は平等と定められたとあります。

勉強の出来、不出来は、試験の点数のみにだけにこだわると違って見えますが、人は外見でなく人間性が大事とありました。

絶対唯一なる宇宙創造神を、宗教者は様々な名前を付け、様々な神々にし、様々な宗教にした認識、人間や偶像、仏像や動物、自然物を神とする宗教人は、この世に生まれてから、死ぬまで神以外のものを見ることはできない、と定められたとあるのに、私は神を見たことが無いから神を信じないという認識、神を否定、排除する認識。

認識の分裂は現代でも起きています。

今までは愛と結婚は同じものと認識していましたから、愛があるから結婚したはずです。ところが現代の若者の間に、愛と結婚は別物という考え方が多く見られるようになりました。

結婚は条件（1の感覚領域での外見のこと）だと言うのです。条件が合えば結婚する、愛はそのうちに生まれるだろうと言うのです。

このように愛と結婚の認識が、同じものから別物という認識の分裂が起きています。愛やしあわせは神から与えられるものであり、条件は人から出たものです（人から出たものは悪と神が言っておられます）。

知恵に「この世は、定義付けされて存在しているのではなく、全ては人間が定義付けしなければ何も論じることができない」とあります。……これが、人間が間違いを犯す根源であり、真実を見抜く根源でもあるのです（この世は、間違いを犯しやすい世界であり、また進化しやすい世界でもあるのです）。

神を否定、排除すると、この世は物質世界、数式にしか見えないのです。

釈迦さまが「この世は無である。あると思うから迷ってしまう」と言っているのは、この世は物質ではない、神のことば、神の意志であると言っておられるのです。

真実は、そこにあるのは神の「教え」、意志＝完全調和した精神（五感でとらえることが出来ない、無という言葉で表現される存在）だけです。

人間の間違いは、この物質世界で発生し、神は、その間違いの修正を、この世で成しとげるように定められたと真理の霊は導いてくださったのです。

成しとげるまで輪廻転生をすると導いてくださったのです。

人類の歴史は、そのまま霊界の歴史になっているそうです。そのように導いていただきました。

現代科学の三課題

私たちの文明の今を見る。現代科学の三課題

神は、神を否定、排除すると理解は与えられないと定めておられます。

神を否定、排除するとこの世は物質にしか見えないとありました。

神を否定、排除し数式や物理法則で宇宙の全ては理解できないとあります。

宇宙は精神からも解明、説明できるとあります。

現代科学の究極的三課題《かだい》は「この世、宇宙は何から出来ているのか、宇宙は何処《どこ》から来たのか、宇宙はなぜ存在するのか」を解明することだそうです。

その答えは、真理の霊が説明されました。

この世、宇宙は何から出来ているか……「神、イエス様の教え、聖書」

宇宙は何処から来たのか……神が「ことば」で創造された。

宇宙はなぜ存在するのか……神が人間に存在理由を告げ、それを伝えたのがイエス様と釈迦様であると神が証明し、人間は、神、イエス様、釈迦様の教えを理解し生きるために。

科学の三課題の答えも、「神、イエス様の教え、旧約、新約聖書」で伝えられているのに、科学は、神を否定、排除しているために、神から、理解は与えられないと定められている、と真理の霊は説明されました（科学が犯している間違い）。

科学は、宇宙の全ての、物質の運動を説明できる数式を、「神の数式」と定義付けし、それを探《さが》し求めています。

神を否定、排除し、「神の数式」を求める。……矛盾《むじゅん》した行為《こうい》に見えます。

物質、物質の運動、星々の運動、数学、数式も「神、イエス様の教え」とあります。

「神、イエス様の教え、聖書」そのものが「神の数式」「宇宙を支配する法則」、この世の設計図になっています。

神は、それらは必ずしも、数式や物理法則でなければならないと言っておられません。

精神と物質は同じもの、精神からも説明できると定められています。

「神の数式」の候補の一つとして数式（$E=MC^2$）は（物質とエネルギーの関係、物質を支配する基本法則であり、心を支配する基本法則であり、精神と物質は同じ、進化の道、神が宇宙を創造した）と伝えています。

創世記に、「神が創られたものに、人間に名前を付けさせた」「この世を自由に定義付けし論じて良い」とあります。

この世、宇宙は、「神、イエス様の教え、旧約、新約聖書」そのものとありました。

科学は宇宙を論じ、数式や物理法則を発見しています。

「神、イエスの教え」を数式や物理法則として発見しているのです。

この世「神、イエス様の教え」を、宗教は神の教えであると理解され、哲学は存在の本質として理解され、画家は絵で、音楽家は音で、料理人は味で、気象学者は気象で、親は子育てという表現方法で、……その環境、経験から「神、イエス様の教え」を学んでいることになります。

全ての理解は、神から与えられるとあります。

ここに……私たちが日々様々な経験をし学び得たこと全ては、神、イエスの教えと書かれています。

ここに……科学、宗教、哲学、だれでも、表現方法は違っていても本質において皆、同じことに気付き、同じことを言っていると、定められたことが書かれています。

ただし、神を否定、排除すると何も理解は与えられないとあります。

科学は、神を否定、排除し物質のみを論じているつもりが、真実は神、イエス様の教えを数式や物理法則として解読しているのです。

科学が導き出した数式や物理法則、数学者が証明した難問の答えも「神、イエス様の教え」です。そうであると理解されるのが理解領域です。

ニュートンは「数学で神の声を聞くため宇宙を研究した」、プラトン、ピタゴラスは「数学、それは神を論じるもの」と言っていました。理解されていたのです。

神を否定、排除すると、この世は物質、数式、物理法則にしか見えないのです。

神は、この世を善と悪で創られ、私たち人間を、真に神を信じるか、悪霊に試《こころ》みられるとあります。

世の誤《あやま》り

神は、神を否定、排除する文明は必ず絶滅《ぜつめつ》させると定められたとあります。

私たち人類の第一世代（アダムとエバ）は、善悪の知識の木から取って食べ、神、神の教えを無視、信じないという間違いを犯し、神に完全調和へと導かれても、悔《く》い改《あらた》めなかったから、ノアの時代に文明は絶滅と再生をさせられたと創世紀に書かれています。

その後、神は、全人類の中から、イスラエルの民を選ばれ導かれたと書かれています。

イスラエルの民も神を否定、排除する文明であったために、神に、絶滅と再生をさせられた経緯《けいい》が旧約聖書にくわしく書かれています。

私たち現代人は、どこで「神を否定、排除、信じない」という間違いを犯したか？　物理学、科学が本格的に始まったのが十七世紀と言われています。

始まりのきっかけと、現代科学の基礎を創ったニュートン（イギリス人）は「数学や宇宙は、神のことば」と言っております（現代科学の基礎とは、新幹線が走ったり、飛行機が飛んだり、ロケットが宇宙に行く、基礎数学のことです）。

当時のイギリスの哲学者ロックは「物理学、科学の対象《たいしょう》に神も含《ふく》まれる」と言っております。

プラトンやピタゴラスは「数学、それは神を論じるもの」と言っております。

真理の霊は、物質、物質の運動、星々の運動、数学、数式、物理法則も「神、イエス様の教え」、この世そのものが「神、イエス様の教え、聖書」であると証明してくださいました。

ニュートンは「数学は神のことば、宇宙は数学の言葉で書かれているかもしれない。神の声を聞くために宇宙を研究した」と言っています。

それなのに科学者は、ニュートンが証明した、数学で宇宙を説明できること知り、数学で神は証明できないからと神を否定、排除し、数学で証明できる物質のみを論じ、私たち人類は、科学が数学で証明される輝《かがや》かしい科学の発展を見て信じ、神を信じないで物質文明を受け入れてしまったのです。

神は、人間に証明されて存在するのではなく、人間が神の存在を信じる立場です。

ここで、私たち現代人は、科学の進化＝人類の進化という科学者と同じ間違い——神を否定、排除する「神、神の教え」を無視する、信じないという重大な間違い、私たち現代人も、善悪の知識の木から取って食べてしまったのです。「アダムとエバ」と同じ間違いを犯してしまったと真理の霊は説明してくださったのです。

私たち現代人に「神を否定、排除、信じない」という重大な間違いを犯《おか》させたのは、科学者なのです。

科学者が犯した、神を否定、排除するという間違いが、現代人の間違いになった……世の誤《あやま》り。

だから、神は「科学者は、神を否定、排除しているから、理解は与えられないと定められている」。

そして現代人も、神、イエス様の教えを無視し、物質への欲望《よくぼう》を抱いたからです。神ではなく、富を求める人々になったのです。

イエス様は「人間は、神と富、両方につかえることはできない」と言っておられます。

神を否定、排除する人類（文明）は絶滅する、進化させないと、神が定められたとありました。

ここで、私たち現代人も（神に絶滅させられる道）を選択《せんたく》し、その道を歩み続けてきたのです。

創世記に「神に絶滅させられる道」を歩むと、人類（文明）は争いや戦争になるとありました。

私たち人類（文明）も、争いや戦争を繰《く》り返し、そして現在も地球のどこかで戦争をしています。

神に絶滅させられる道を歩むと、地球に災害がおこる、とありました。

近年、頻繁《ひんぱん》に災害（大雨、大型台風、山火事、温暖化、日照り……）が起こっています。

……神が定められたとおりになっています。

神は、私たち人間の存在理由は「神、イエス様、釈迦様を信じ、教えを理解して生きよ」と、定められたとあります。

現代人は十七世紀に、神、イエス様を信じて受け入れ、３の知性領域、４の理解領域への、「心の進化」を人類、自《みずか》ら止めてしまった、と説明してくださったのです。

この結果が、今日の社会現象を生んでいると思います。

くわしくは、この後の１６６ページ「私たちの文明の今」で、ご説明したいと思います。

十七世紀の時点で、科学が、哲学者ロックの言われる通り、神を受け入れ、精神や神をも論じていたならば、旧約、新約聖書に書かれている、神、イエス様の教えが理解され生き、この文明は今とは大きく違ったものになっていたはずです。

神から与えられ調和され、平和で、しあわせな世界になっていたと思われます。

創世記に「神は『人間の心の思い計ることは、初めから悪である』」と言っておられます。神を否定、排除したところに真理は無い、神が真理だからです。

神から与えられるものは真理と理解です。私たち人間から出たものは悪と神が言っておられます（真理を求める＝神を求める）。

神を否定、排除し信じない人間社会は、私たち人間から出た悪で造られた文明になり、創世記（第6章11節）に「地は、神の前に堕落《だらく》し、暴虐《ぼうぎゃく》で満ちていた」……争いや戦争をする文明になったと書かれています。

確かに、私たち人類は争いや戦争を繰り返し、人類自滅《じめつ》の科学兵器を作りました。

イエス様は「真理はあなたたちを自由にする。罪を犯す者はだれでも罪の奴《ど》れいである（新約聖書ヨハネ福音書第8章32・34節）」と言っておられます。

「神を否定、排除する」という間違いを犯すと、「神を話題にすることをタブーとする」間違いの奴隷になると言っておられるのです（日本人は、間違いの奴隷になっています。

日本人の誤り)。

科学者の誤り

神は、この世を、数式や物理法則で創られたのではなく、「神、イエス様、釈迦様を信じ、教えを理解して生きよ」という、神の「話しことば」で創られたとあります。

神を、否定、排除し、数式や物理法則で宇宙の全ては理解できないとあります。

数式や物理法則を使用し「神、イエス様、釈迦様の教えを理解して生きよ」とあります。しかし科学者は、今でも善悪の知識の木から取って食べ、神を無視、否定、排除し、この世、宇宙を物質と認識し、数式や物理法則のみで、宇宙の全てを説明しようとして、人類を間違いへと導いています。

科学者ガリレオは「宇宙は数学のことばで書かれている」と間違いを犯しました。

現代科学者、数学者も、宇宙は数学のことばで書かれている、この世は数学、数学で宇宙の全てを説明できると言い、子供に、戦争を終わらせる数式はありますか?　と聞かれ、返答に困《こま》っていました(愛している、戦争を終わらせる、数式は発見されていないからです)。

創世記に、神は、争いや戦争をしたのは、神、イエス様の教えを無視、否定、排除し信じない生き方をしたからと書かれています。

争いや戦争をしたのは、科学が神、イエス様の教えを無視、否定、排除し、私たち人類に伝え、科学兵器を作ったのが原因です。そして現代人も、科学の進化＝人類の進化という間違いを犯したのが原因です。

戦争を終わらせる数式、しない数式は、創世記に神が定められ、だれにでもわかるように、神の数式＝「神、イエス様、釈迦様を信じ、教えを理解して生きよ」＝宇宙を支配する法則＝神の意志、と書かれています（数式＝神のことばとありました）。

科学者や数学者は、この難問《なんもん》が解《わか》ると宇宙の全てが解ると、証明されたかに言います。……しかし、神を、否定、排除し、数式や物理法則で宇宙の全ては理解できない。神は、理解は与えられないと定められています。


神が、この世、宇宙、人間の全てを定められ創造されています。

それを旧約、新約聖書に記し、私たち人類に伝えています。


ここでも科学者、数学者は間違いを犯しています。

真理は、科学者、数学者が否定、排除した「神」だったのです。

神「真理」は永遠不変で、時代で変化することはありえないのです。

哲学者の誤り

哲学者は、神を受け入れず、存在の本質を説明しようとし、難解な言葉の産物となっています。存在の本質は、神、イエス様がお伝えしております（古代哲学者たちは、神を論じていました）。

宗教者の重大な誤り

宗教者たちの目の前にいつでも、イエス様の教え「聖書」、釈迦様の教え「仏典」があったはずです。今もあるはずです。

宗教者が「神の教え」を理解され私たち人類に伝えていたならば、十七世紀に科学が発展しても、私たち人類は「神の教え」が真理であると理解されていたはずです。

ところが、宗教者たちは「神の教え」が理解されず間違った教えを人類に伝え、宗教分裂、宗教争いをしていたのです。

そこで私たち人類は、科学で証明されたものが真理であると信じてしまったのです。

争いや戦争を繰り返してきた人類（文明）にしてしまったのは、宗教者たちの重大な誤りなのです。

神は、私たち人類が、神、神の教えを無視、信じない生き方をすると、争《あらそ》いや戦争になると定められた、とありました。

宗教者たちも、４の理解能力（完全な霊的知覚能力）を忘れさっているために、神が、創世記に記され人類に告げられた、「神の教え」が理解されず、（神は、それは私ではないと言っておられる、人間が作った人を神とする、偶像や仏像を神とする、自然物を神とする、お金を要求し物を売りつける宗教、人の教えの宗教……神を否定、排除し異なる神を信仰する宗教は、トラブルや争い、信者を不幸にし、宗教分裂、宗教対立、形式化になる）と説明されました。

歴史を見るに、宗教者も神を無視、信じないで「宗教は、神の前に堕落《だらく》し、暴虐《ぼうぎゃく》で満ちていた」（創世記第６章11節）……宗教争いや宗教戦争がありました。現在もあります。

たしかに、カルト宗教は、信者を不幸やトラブルに導いております。

本来、宗教は信者、人類を平和で、しあわせにするために「神の教え」を伝えるものでし

信者を不幸やトラブルに導く、物を売りつける、お金を要求する宗教は、自らカルト宗教であると証明しているようなものです。

私たち現代人が気付いていない、重大な誤り

この世、宇宙は「神の教え、聖書」で創られていると真理の霊は証明されました。

そして聖書は数式や物理法則で書かれてはいなく、だれにでもわかるように、「神の話しことば」で書かれています。

それなのに、科学者や数学者は宇宙（神の教え、聖書）を説明するのに、一般の人には、解《わか》らない数式や物理法則にしてしまったのです。

そして学校では宇宙を説明するのに、数式や物理法則として教えられます。

そのため、私たち人類は、宇宙を説明されるのは、科学が伝える数式や物理法則であると、誤《あやま》った認識《にんしき》をしてしまい、宇宙が（神の教え、聖書）であると理解できなくなったのです。

ここでも科学者、数学者が犯した間違いが、人類の間違いになっています。

イエス様と釈迦様が「神の教え」を、「ことば」で伝えられたのに、私たち人類、科学者、数学者は「神の教え、聖書」を難解《なんかい》な、数式や物理法則であると認識してしまったのです。

そして科学と宗教は別物、精神と物質は別物であると認識してしまったのです。

科学は人類に受け入れられ、神、宗教はタブーとする誤《あやま》った認識をしてしまったのです。

この世、宇宙を難解《なんかい》にさせているのは、科学者、数学者が犯した間違いなのです。そして神の存在を認識できず、「神の教え、聖書」を理解できなくなったのです。

「神の教え、聖書」と「数式や物理法則」は同じものです。

宗教者が「神の教え」を理解されず、私たち人類に伝えなかった。

哲学者も、真の神を信じなかったから、この間違いに気付いていないのです。

私たち人類、科学者、数学者、宗教者、哲学者は、「この重大な間違い、誤り」に、まだ気付いていないのです（数式や物理法則を否定するものではありません）。

科学者や数学者が、発見した数式や物理法則は「神の教え、聖書」です。

〈その証拠は、物質を支配する基本法則〈数式、物理法則〉と、心を支配する基本法則〈聖書〉は同じ、精神と物質は同じと、神が定められたとありました〉

科学は時代の最先端にあるとともに、間違いの最先端にもあるのです。

現在、科学者や数学者は、数式や物理法則を発見し証明して終えていますが、それらは「神の教え」です。神の教えを人類に伝えないと意味が無いのです。

神を論じない宗教学者、神を否定、排除する知識者、学者と言われる人たちが、〈真理を知らないために〉間違いを犯し、その間違いを正しいと主張《しゅちょう》し、現代人、若者達を間違いへと導いています。

今、この文明は、「神を否定、排除する」という間違いを犯しているために、「神を取り扱うことをタブー」とし、危機的状況《じょうきょう》にあって混迷《こんめい》しています。

世の誤り、争いや戦争の全ては、科学者、哲学者、宗教者、私たちが、神、イエス様を否定、排除、信じない、善なる心を忘れ去ったことが原因になっています。

全ては、「神の教え」を基準としたものに、この世は神、イエスの教え、精神や神をも論じる新科学へ、全ての宗教の言う神は、同じ存在者から、宗教統一へ。

古代哲学者達は神を論じていました。プラトン、ピタゴラス、トマス・アクィナス、プロティノス、ロックらは神を論じています。神の教えを基準とした国造り、世界平和へ。

神は、私たち人類に、宇宙を精神からも解明できると伝えられていた

神が、私たち人間に、文明に、この世、宇宙は何かを理解させるために与えられたものとあります。

科学は、宇宙を論理的思考《ろんりてきしこう》で解明しています。

つまり、神は、宇宙は論理的に創造されていると、私たち人間に伝えているのです。

この世を認識する初め1の感覚領域で、2つの道（物質のみを論じる道：科学）と（人間性のみを感じる道）があると伝えられていました。

ここに、宇宙は物質からも、精神からも論理的思考で解明、説明できると私たち人類に伝えられていたのです。

（心も物質も、その変化、運動は時間軸《じく》に存在しています。時間軸にそって論じると真理が理解されるようになっています）

しかし、人類は、科学の進化＝人類の進化と間違いを犯し、心の進化を忘《わす》れ、神を否定、排除する科学を信じて生きてきたのです。

精神と物質は同じもので、宇宙を物質から解き明かしても、精神から解き明かしても、同じ答えになるとありました。

この世には「物質時間」と「精神時間、心の時間」があるとありました。

科学は「物質時間」を使用して宇宙を論じています。

宇宙を「精神時間」で論じる世界もあるということです（物質とエネルギー、精神と物質の2面性です）。

神を否定、排除して、数学や物理法則で宇宙の全ては説明できない（理解できない）とあります。

この世は、数学や物理法則で創られたのではない、「神、イエスを信じ、教えを理解して生きよ」という「話しことば」で創られたとあります。

数式や物理法則を使用し「神、イエスの教えを理解して生きよ」と伝えています。

宇宙の絶対条件は「宇宙の完全調和、宇宙の本質は1である、たった1つが全てであり、全てが1つである」とあります。

宇宙の本質は1です。それは0にも見え、無限大にも見える。宇宙は0であり1であり無限大であるのです。

宇宙は完全調和しているから、無限大で果《は》ては無い。人類が所属するこのような宇宙は、宇宙空間に無限個存在する。

意志は瞬間《しゅんかん》に伝わる（速度は無限大）＝宇宙の完全調和。

もしも、意志の伝わる速度が有限ならば＝宇宙は不完全となる。

科学の量子力学の世界。

量子の非局所性（二つの素粒子が、はるかなる距離を越《こ》えて、瞬時《しゅんじ》に情報を共有する現象）、量子のふるまい＝精神のふるまいと同じです。

神の意志の理解と、宇宙や素粒子のふるまいの理解とは同じです（精神と物質は同じものだからです）。

神の数式＝「神、イエスを信じ、教えを理解して生きよ」＝宇宙を支配する法則＝神の意志、と書かれています。

数式や物理法則の意味は、旧約聖書に書かれている「神のことば」であるとありました。

私たち人類は、1と2の（感覚、感性領域）にあるために、この世、宇宙を物質としか見ることができず、科学が数学で証明された事実のみを信じる文明、科学の進化＝人類の進化と認識《にんしき》しています。

神を受け入れると、精神からも物質からもこの世を解明でき、神が宇宙を創造されたことも、この世の真理も理解されるのです。

私たち人類が存在している、無限大なる宇宙は、一つの意味があって存在しています。宇宙は完全調和をしているから、この宇宙以外の宇宙は存在しないのです。

もしも、宇宙が不完全ならば、違う意味、法則で創られた、無数の宇宙が存在することになります。

ただし、神は、この宇宙と違う意味の完全調和した宇宙を創造していないとは言っておられません。

神の教え

この書は、初めから、精神と神を論じる道を（神、イエス様、釈迦様を信じ、教えを理解して生きる道、４つの能力を使用し）歩《あゆ》み、今、ここ４の理解領域におります。

この道は、神（完全調和）に続いていると神が定められておられます。

「文明が平和で、しあわせに永遠に進化する道」です。

私たち現代人（文明）は十七世紀、神を否定、排除する文明（神に絶滅させられる道）を選択《せんたく》し生きてきたために、進化は１と２の領域で立ち止まり、３と４の領域にたどり着くことはできず、争いや戦争を繰《く》り返してきました。

今、この文明は行き詰《づ》まり、混迷《こんめい》し、科学だけが進化し、心の進化を忘《わす》れたために、進化した科学兵器（全人類自滅《じめつ》の兵器）で、争いや戦争を繰り返し、「神の教え」の理解がなければ、この人類は宇宙に旅立つ前に、神に絶滅《ぜつめつ》させられると、真理の霊に伝えられました。

イエス様と釈迦様が「神の教え」を伝えられたのに、理解しようとせず、私たち人類はそれを無視し、神を否定、排除したからです。

現代人、科学者、哲学者、宗教者、学者、知識者、日本人は、「神を話題にすることをタブーとする」、暗黙《あんもく》の認識のもとに、この世を論じているから、確かな答え（真理、神）が見いだされないのです。

人類の間違いの、全ての根源は、神を信じないことにあります（イエス様は、神を信じない、それは罪であると言っておられます）。

神の教えに……神は、神を否定、排除し、争いや戦争する人類、文明は必ず絶滅《ぜつめつ》させる。悔《く》い改《あらた》めたならば「ゆるす」とありました（ノアの箱舟の出来事、の教えです）。

真理の霊は、この文明が進化し宇宙に旅立つには、「神、イエス様、釈迦様を信じ、教えを理解して生きる」ことであるとご説明してくださったのです。

しかし、進化か滅亡《めつぼう》かは人類の自由な選択《せんたく》に任《まか》せられていると説明されました（神が、私たち人間、文明に与えられた自由です）。

もしも、自滅、滅亡したならば、神は、神を信じる少数の人々によって文明の再生《さいせい》が行われる。とあります（ノアの箱舟の出来事、の教えです）。

石器時代から文明のやり直《なお》しが行われるのです。

神の教えに……間違いを犯した人間、文明を退化《たいか》させ、間違いの修正、（神、イエス様を信じ、教えを理解して生きる）まで、全ての人間を導かれ救う。とあります。

全人類が、完全調和するまで、文明は絶滅と再生を繰り返されるのです。

ここに神の教え……神は、「神、イエス様、釈迦様を信じ、教えを理解して生きる」まで文明の絶滅と再生が繰り返させる、と書かれています。旧約、新約聖書に書かれています。

ここに神の教え……私たち人類に「完全調和された世界をつくる」ために、霊界とこの世を輪廻転生し、永遠に進化させる。と書かれています。……これが、神が定められた「神の教え」です。

私たちの文明は、前文明、アトランティス大陸文明のときも、神を否定、排除する文明であったために、神に絶滅させられた。今の文明は石器時代から再生され現代にいたると伝えられた（人類は現代に輪廻転生し、同じ間違いを犯していると伝えられた）。

いのちの木への道

理解領域の上限《じょうげん》では、神の教え「私たち人類が犯している間違いの修正」、ここまでの（私、個人の間違い、認識の分裂）を修正する、「神、イエス様、釈迦様を信じ、教えを理解して生きる」、完全な行いをする領域であると導いていただきました。

イエス様は、「それだから、あなたがたの天の父が完全であられるように、あなたがたも完全な者となりなさい」（マタイ福音書第5章48節）と言っておられます。完全な行いはイエス様、釈迦様がお伝えしておられます。

マザー・テレサや、イギリスのナイチンゲール、インドのガンジーの行いが、この領域の方だと思います。

神は「私たち人間の心の思い量ることは、初めから悪である」と言っておられます。人が人の道を教える「間違いを犯している宗教者や知識者が人や若者達を導く、人の造った宗教、人や偶像、仏像を神とする宗教など」は間違いと言っておられるのです。イエス様も、（マタイ福音書第15章14節）で「……。もし盲人《もうじん》が盲人の道案内をすれば、二人とも穴《あな》に落ちこむであろう」と言っておられます。

1から4の領域を、ご説明させていただきましたが、「いのちの木への道」は、7の領域まで続いております。

イエス様が実践《じっせん》された、5の領域は、水をワインに変えたりする物質のコントロールレベル、6の領域は病《やまい》を治《なお》す、病のコンロールレベル、7の領域は死んだ人間を復活させる、生命のコントロールレベル、そして「神」へと続いていると導いてくださいました。

イエス様は、このような能力は全て神からやってきて、それらを実践したのは、イエス様が弟子に言っていることが真実で、神からやってきたことを認識《にんしき》させるためと言っておられます（この世は、神、イエス様のことばですから、イエス様がことばを変えると、この世の在《あ》り様が変わるのです。水をワインに変えたり、病を治したり……この世がイエス様のことばである証拠です）。

私たちは様々な経験をしながら、神が創られた「いのちの木への道」をあゆみ、未来には、「神」にたどり着くシステムと神が定められた。とあります。

神が創られた、いのちの木への道（1の領域から神までの道のり）を、イエス様は「私は道であり、真理であり、命である。だれでも私を通らなければ父（神）のもとに行くことができない（ヨハネ福音書第14章6節）」と言っておられるものであり、釈迦様の「中道」と言っておられるものであると導いていただいたのです。

この道のりを数式で表すと（$E=MC^2$）になります。

3の「知性領域」の「試みられる」でご説明しました、地獄の世界（人間の悪から出たもので、神を否定、排除し、自分が一番大事、他人の不幸を喜びとする思考の霊達の世界）もあって、見せていただいた、地獄の浅い世界はうす暗く、さみしい場所で、他人の迷惑《めいわく》を考えず自己中心に生き、事故等で亡くなった若者達の世界（若者達は皆、どうしてこんな所に居《い》るの？　と、うったえる、さみしい表情をしていました。どこに居るのか解らないようすでした）。

最下の深い世界は、何も見えない暗闇《くらやみ》で、強烈な異様感《いようかん》と恐怖《きょうふ》、寒気の世界、自分が絶対唯一で、自分以外のだれ一人として信用せず、全否定しその存在を認めようとせず消し去る思考の霊達（独裁者の末路《まつろ》の世界でした（仏教では無間《むげん》地獄と言い、独裁者にいじめられ、殺された全ての人が許《ゆる》すまで無間地獄から救われないと言っておられます)。

人間が霊界に一瞬《いっしゅん》たりとも立ち入ると、地獄ではその強烈な恐怖のあまり発狂《はっきょう》し、天国ではあまりにも純粋精妙《せいみょう》な世界で発狂してしまいます。

この経験で十人中八人から九人まで発狂すると思います。

私も、一分ほど発狂寸前状態になり、守護霊、指導霊に「おさえて! おさえて!」と指導されて、今この本を書かせていただいております。

このため人間が霊界に立ち入れないようになっているそうです。

人は、地獄の最下の深い世界から神までの、進化のどこかに位置していて、進化の位置は、「神、イエス様の教え」の理解度と行いのあらわれであると導いていただきました。

神は、間違いを犯した人間を、退化させ、「間違いの修正」を求めさせ、そして全ての人間を救う。とあります。

地獄の世界は、自己の悪行の反省をする世界であって、罰《ばつ》の世界ではありません。反省をすると救われると、神は言っておられます。

人は、その悪行で自分から進んでその世界(地獄、反省)に行くそうです。

人類の未来

霊界

神は、間違いを犯した人間を、退化させ、「間違いの修正」を求めさせる。とあります。

霊界の存在については旧約聖書（イザヤ書14章）に、「自分の国を滅《ほろ》ぼし、自分の民を虐殺《ぎゃくさつ》した独裁者を、よみ（地獄）の死者の霊たちが、あなたの来るのを迎《むか》えようとざわめいている。よみに落とされ、穴の底に落とされる」と書かれています。地獄に落とされ、さらに穴の底に落とされる、とあります。

人間の自由は、神が人間に与えてくださったものです。独裁者はその自由を奪《うば》っています。

他人の自由をうばう＝自分の自由を、自分でうばうことになるとありました。

イエスも天国と地獄のお話をされております。

霊界は、「神、イエス様、釈迦様の教え」の理解度と行いのみが問われる世界。

人類の歴史がそのまま霊界の歴史になっている事が見えてきます。

人間が理解領域↓知性領域↓感性領域↓感覚領域と退化したことから、最初、人類は完全だったことから地上も霊界も天国（エデンの園）とあります。

神が直接人間に、ことばを与える環境にあったことが書かれています。

聖書に霊界の歴史に大きな変革があったことが描かれています。それを最後の審判と呼んでいるそうです。

アダムとエバの二世が殺人を行っていることから、悪い霊が出現したことが、ノアの箱舟の出来事で説明されている、霊界を天国と地獄に分けて、良い霊と悪い霊の住み分けをした出来事です。

その次が、イエス様がこの世に出たときです。「イエス様はノアの時と同じことが起こるであろう（ルカ福音書第17章26節）」と言っておられます。

新約聖書には、悪霊に取り付かれた多くの人が描かれていて、イエス様が悪霊を追い払っていることから、住み分けされた悪霊が、地獄から抜け出して人間や良い霊に悪さをするので、悪霊を地獄に封じ込めた出来事。この出来事を見て記したのがヨハネの黙示録《もくしろく》として書かれています。

そして心の進化の段階が、地獄の一番下の世界から7の領域までに分かれていることから霊界は霊の進化による住み分けがされていることが見えてきます。

聖書には、神の教えにしたがって、人間は裁《さば》かれる。と書かれています。

人間は死後、霊界で、自ら神に裁かれ天国、地獄に行かれるのです。

霊界は絶対に、うそ、の言えない世界です。

旧約聖書のエゼキエル書（第18章21〜24節）に、神は、「悪人でも、自分の犯《おか》したすべての罪《つみ》から、立ちかえり、わたしのすべてのおきてを守《まも》り公道と正義とを行うならば、彼は必ず生きる。死ぬことはない。彼の犯したことが覚《おぼ》えられることはなく、救う」と書かれています。

悔《く》い改《あらた》めたならば「ゆるす」と書かれています。

この世（物質世界）と霊界の違《ちが》い

この世は、私たち人間（心）が完全調和へと進化する世界。

霊界は、人間だったとき、なぜに進化ができなかったのかと反省《はんせい》する世界、と大別されます。

反省し、霊界からこの世に生まれ（生まれるときは、全て忘《わす》れさせられると神が定められている）、人間が進化されるチャンスは、この世だけなのです。

完全調和するまで輪廻転生《りんねてんしょう》が行われるのです。

人間が、この世（物質世界）に生まれ出るのは、心の進化が早いからだそうです。

私たちが霊界と認識しているのは、地球に生を受けた生命だけの地球型の霊界で、そして天体ごとに人類の進化レベルが違っていますので、それぞれの天体の霊界が存在し、宇宙の絶対条件から見えてくるのは、そのような天体霊界が霊界には無数存在すると導き出されます。

宇宙の絶対条件は、物質宇宙空間の構造や霊界の構造は、無限大で果てが無い、宇宙空間には我々が属するこのような宇宙が無数に存在すると、導きだされます。

超壮大《そうだい》なるスケールの中に地球はポツンと存在しているようです。

聖書に、「あなたは、子に賜《たまわ》ったすべての者に、永遠の命を授けさせるために万民を支配する権威を、手にお与えになったのですから」（ヨハネ福音書第17章2節）とあります。

地球と霊界（地球型）は、イエス様や釈迦様などによって指導されていて、他の天体とその霊界は他のグループによって指導されているそうです。

もしも、我々の宇宙に果てがあるならば、宇宙は不完全となってしまいます。

仮に、宇宙に果てがあって、我々の宇宙の隣《となり》に、意味も法則もまったく異なる宇宙があるとしましょう。魂は、宇宙の絶対条件の法則に従っていますので、異なる宇宙の認識や表現、意味の理解は絶対に不可能です……仮定と結果が矛盾しています。

我々の宇宙以外の宇宙は存在しない、しかし、神は8、9、10と領域が続いていないとは言っておられません。

異星人も存在し、地球人と存在理由は同じ、進化の過程が違うだけです。

私の誕生と正体

神は、魂《たましい》を創造された。それは霊界での出来事です。

霊（魂の命）は、遥《はる》かなる永遠の昔《むかし》から存在していた（永遠存在）……そして、私（霊）はとても、とても深い深い眠《ねむ》りから目覚め……「遥《はる》かなる永遠の昔から私はここに居《い》たが、今やっと、私がここに居ることに気が付いた」……そして「私は誰《だれ》？　ここはどこ？」と疑問を持った（それは、私が何かのショックで記憶《きおく》を失《な》くし、私は誰？　ここはどこ？　と始まるように）。

「私がここに居ることに気付いた」……私が私を認識する、自《みずか》ら自己の存在に気付く、「我《われ》、我ありと認識する、ゆえに我あり」と気付く……これが私（心）の誕生なのです（まだ、善も悪も何も知らない経験されていない精神）。

私が私を認識させる根源、私は誰？　と私を認識させる根源＝これが神の意志。

「私は誰？　ここはどこ？」と疑問を持った。……この正体が、神が人間に与えてくださった4つの能力「感覚、感性、知性、理解（この世を五感で認識する能力から、神のことばを理解し生きる能力）」「理解するために与えられたものの、真を理解する能力」のことです。

神は、魂が自《みずか》ら、（私は誰？　ここはどこ？）と自己の正体、存在の意味、自分さがしや、私はなぜに生まれてきたのだろう、という疑問を持つように、宇宙や私達の存在理由を求めるように、そして神のことばを理解し生きるように、４つの能力を与えて下さったのです。

それゆえ、私が記憶《きおく》の全てを失《うしな》っても「私は誰？　と私を認識する。ここはどこ？　と疑問を持つ」これは消えないのです。……これが私の正体だからです。

ここに、私の正体は肉体ではなく、神が創造された（私は誰？　ここはどこ？）と疑問を持つ精神（五感でとらえることが出来ないもの、無という言葉で表現されるもの）と書かれています。

私とは、疑問の答えの理解＝この世（聖書）、「神、イエス様、釈迦様を信じ、教えを理解して生きる」道と「善悪の知識の木」から取って食べる道の理解度と行い。

イエス様も「疑問をもって求めよ、神は求めるものを与えてくださる」と言っておられます。

ここに神の教え……全ての疑問の答えと、日々様々な経験をされ学ばれる全ては、「神、イエス様の教え」からであると書かれています（全ての理解は神、イエス様から与えられるとありました）。悪は悪霊から誘惑《ゆうわく》される。と書かれています。

先の（いのちの木への道）での最後に、人の進化の位置は、「神、イエス様、釈迦様の教えの理解度と行いのあらわれである」とありました。同じです。

旧約聖書（申命記第8章3節）に、「……それで主はあなたを苦しめ、あなたを飢えさせ、あなたも知らず、あなたの先祖たちも知らなかったマナをもって、あなたを養われた。人はパンだけでは生きず、人は主の口から出るすべてのことばによって生きる」と、あります。同じです。

イエス様は「魂の命は、イエス様のことばの霊である（ヨハネ福音書第6章63節）」と言っておられることが真実であると、真理の霊は証明してくださったのです。

イエス様は「私は道であり、真理であり、命である。だれでも私を通らなければ父（神）のみもとに行くことができない（ヨハネ福音書第14章6節）」と言っておられることも真実であると証明してくださったのです。

人間とは、「私の正体、私は誰？　ここはどこ？　と疑問を持つ精神」＋「肉体」となっています。

（私が霊界で、深い眠りから目覚めた所は、花が咲き乱れる草原で、恐ろしいほどの無音で、遠くまですっきりと見渡せ、魂だけがそこにあった、ほんの一瞬）

ここは、私を霊界に連れて行ってくださった経験から、真理の霊が導いてくださったものです。

神が、人間の心を創られたことが創世記に書かれています。

（創世記第2章7節）に、肉体を土のちりで人を形造り、その鼻にいのちの息《いき》を吹き込まれた。そこで人は生きるものになった。とあります。……心の無い状態です。

（科学者も、人間の肉体は、宇宙のちりで造られていると言っています）

次に、人間の心を創られた経緯《けいい》が書かれています。

（創世記第2章8節）に、エデンに園を設《もう》けその造った人を置かれたとあります。

創世記同じく9節には、エデンの園の中央に、いのちの木と、そして善悪の知識の木を生《は》えさせられたとあります（ここに宇宙と人間の心の設計図、構造が書かれています）。

エデンの園……神が創られた完全調和、天国、理解領域、この世を神のことばとして理解し生きる完全な霊的知覚能力の世界。

いのちの木……イエス様の言われる魂の命（イエス様のことばの霊＝神のことばの霊）

善悪の知識の木から取って食べる……神を否定、排除、神のことばを無視、神を信じない、魂を退化させる。文明の自滅の道（創世記第3章5節）、人間に与えられている善悪の知識。

創世記第2章10節に「一つの川が、この園をうるおすために、エデンから出ており、そこから分かれて4つの源《みなもと》になっていた」とあります。

その4つの源が、「ピション、ギホン、ティグリス、ユーフラテス」の4つの川の名前とその流れとして書かれています。……それが、神が魂に与えた、園をうるおす（魂を進化させる）4つの能力（感覚、感性、知性、理解）のことです。

4つの能力が、園をうるおすために、エデンから出ている（魂を進化させるために、神から与えられた）とあります。

人間の心の構造は、「魂の命の中心が（神、イエス様のことばの霊）＋4つの能力＋善悪の知識」とになっています。

ここに、心と肉体は別々に創られたと書かれています。

肉体に、心を与えられ完全な人となったことが書かれています（神は、人をエデンの園に置かれたとあるからです）。

神が創られた、この世と心は「いのちの木（＝神、イエス様のことばの霊）への道」として創られたとありました。

ここに、心は、4つの能力を使用し、神、イエス様のことばの霊にたどり着く能力として創られたと書かれています。

ここに、全ての人の心は同じシステム＝全ての人は平等な存在と書かれています。

宇宙と心は、同じシステム、天と地、心は、神が定められた「律法《りっぽう》、知恵、宇宙の絶対条件」に従《したが》って存在しているとありました。

人間の心も宇宙も、神が定められた「神、イエス様を信じ、教えを理解し生きる」と創られています。

私が行った善、愛や思いやりは、私から出たように思われますが、私（魂の命）（神、イエス様のことばの霊）から出たもので、私から出たものは悪です。

全ての疑問の答え、人間の悟りは、魂の命（神、イエス様のことばの霊）から出たものとあります。

創世記第2章15節に、人をエデンの園に置き、そこを耕させ、守らせた、とあります。

……天国、完全調和した社会を造らせ守らせたことが書かれています。

宗教者が、私は誰？　と求めると究極的に無（神、イエス様のことばの霊）にたどり着くとありました。……私（魂）は、神が創られたと証明しています。

真理の霊に導かれて理解させていただいたことです。

疑問の中にあった、私たちはどこから来て、なぜに存在し、どこへ行くのか？　の答えも、ここまでに書かれています。

私たちの文明の今

「神、イエス様、釈迦様を信じ、教えを理解して生きる」。人類は平和で、しあわせに永遠に進化させる。

神を否定、排除する文明は終わらせる、とあります。

惑星《わくせい》に人類が誕生し、その人類の科学が本格的に発展、進化し宇宙に旅立とうとする時点（現在のことです）で、人類の進化が知性、理解領域にあるならば、「神の教え」を理解し、その文明は進化し宇宙に旅立つことができます。

神を否定、排除する人類（文明）には、悪意で生きる人々が現れ、自らの科学技術（全人類を自滅させる兵器）で戦争をし滅亡し、ほんの少し残った人たちによって文明を最初からやり直すのです。

神は、神を否定、排除する文明は絶滅《ぜつめつ》させる。悔い改めたならば、ゆるす。悔い改めなければ絶滅し、神を信じる少数の人々によって文明の再生《さいせい》が行われる、とあります。

私たちの文明は、科学者、知識者、学者と言われる人たちが先立って、神を否定、排除し、物質のみを信じる道をあゆみ、神が定められた人間の存在理由が理解されず。人類の進化（心の進化）は、1と2（感覚と感性領域）で立ち止まり、神の教えを伝えられたイエス様や釈迦様のことばではなく、神を否定、排除する科学、物質経済を信じています。科学技術は急速に発展、進化し、宇宙に旅立とうとしています。

神を話題にすることをタブーとし、間違いを犯している宗教者、知識者、学者たちが間違いに気付かず、現代人、若者達を間違いへ導いています。

悪意を持った人達（独裁者など）によって、科学技術が悪用され、生命コントロールの暴走と兵器の進化により人類の平和と生命に危機をもたらしています。

真理の霊は、私たち人類は、今、進化か滅亡《めつぼう》かの分岐点《ぶんきてん》にあると示してくださったのです。

「人類、文明が進化するためには、世界が平和になるためには、科学技術を平和利用するためには、神、イエス様、釈迦様の教えを理解して生き、悪意の無い、より良い人間性への進化、知性、理解領域への進化、善なる心で生きる、心と科学の同時進化が必要である」と説明してくださったのです。

しかし、私たち現代人は、十七世紀、神を否定、排除した科学、物質文明を信じ、科学の進化＝人類の進化、神、イエス様のことばを無視するという「アダムとエバ」と同じ間違いを犯し、心の進化、人類の進化、善なる心の進化を止めて、「神に絶滅させられる道」を選択《せんたく》してしまったのです。

釈迦様は二千五百年前、イエス様は二千年前、科学が本格的に発展、進化する前に、神の教え、文明が神まで進化の道を伝えた方々です。

釈迦様、イエス様のことばを伝える使命の方々も居られるそうです。

釈迦様のことばを、三蔵法師はインドから中国に、鑑真《がんじん》、空海、最澄《さいちょう》らは中国から日本に、命がけで善なる心の進化を伝えてくださった方々です。

イエス様のことばは、聖書として全世界に伝えられました。ニュートンは物理法則として、ゴッホは絵として、マザー・テレサやガンジーは行いとして、またベートーベンやモーツァルトは音楽として世界に伝えられました。

これは、神が、人類が進化するために導いてくださっておられる証拠であると、真理の霊は示してくださったのです。

創世記に「神は、私たちを、しあわせ、にするために苦しめ試み、導いてくださっておられる」とあります。

それでも、私たち人類は、神、イエス様のことばの通り、見ても見ず、聞いても聞かず、「神、イエス様、釈迦様の教え」に耳を傾けず、神を否定、排除し続ける科学、経済、物質文明、国家指導者、神を話題にしない報道者、神を論じない宗教学者、公然《こうぜん》と神は存在しない、宗教は幻想《げんそう》だという科学者、知識者、形式化した宗教……。

近年は、1の領域の感覚能力を主に使用して生きている人達が多く見られます。

外見（容姿、地位や名誉、学歴、お金や物……）を主に求めて生きる人、外見の違いで差別する人、衣食住を主に求めて生きる人、結婚は愛より条件だと言う人、偶像、仏像を神と信じ拝《おが》む人、善悪の区別が解らない人……

そして独裁者の暴虐《ぼうぎゃく》。

私たちの文明も「地は、神の前に堕落《だらく》し、暴虐《ぼうぎゃく》で満ちていた（創世記第6章11節）」状態、神を信じない、否定、排除する人たちによって、争いや戦争をする文明になっています。仏教でいう末法《まっぽう》の世、善なる心が失われています（独裁者の存在は、私たち人類が、神を否定、排除する文明から出現したもので、人類が創り出したものと伝えられた）。

神を否定、排除する文明を絶滅させる理由

神は、宇宙も、地球も、人間も完全調和として創られました。

この中で、間違いを犯しているのは、自由を与えられ生かされている、私たち人類だけです。

生きるために必要な衣食住を、地球を創り、与えてくださったのに、神、イエス様、釈迦様を否定、排除し、争いや戦争を繰《く》り返《かえ》し、必要以上に資源を、使い果《は》たし、地球の調和を乱《みだ》し、自《みずか》ら住《す》みにくい地球環境にし、作った科学兵器で自滅しようとしています。

地球は完全調和として創られました。

創世記に、私たち人間が、善悪の知識の木から取って食べたから、土地（地球）は、のろわれてしまった。地球の調和を乱《みだ》したと書かれていました。

地球の天変地異（地上でおこる様々な災害）は、私たち人類が犯した間違いから創られていると書かれています（人間に与えられた自由がそうしたのです）。

進化は神から与えられるものです。神、イエス様、釈迦様を否定、排除する人類（文明）は、これ以上、進化はできないのです。

この不調和な人類が宇宙に出て行くならば、宇宙の調和を乱《みだ》すことになるために、「神の教え」を理解されていない人類（文明）は、宇宙に旅立つ前に絶滅させられると説明してくださったのです。

自然災害と思われる、神からの様々な警告《けいこく》「悔い改めよ」が与えられ気付かないと、この文明は最初からやり直すことになるかも知れません（この世は自然現象ではなく、神、イエス様の教えとあります）。

「平和やしあわせは創るものでなく、神、イエス様、釈迦様の教えを生きることで、神から与えられる」とあります。

神、イエス様、釈迦様は、私たち人類が進化するように導いてくださっておられますが、進化するか、滅亡するかは、私たち人類に与えてくださった自由な選択《せんたく》に任《まか》されていると真理の霊は説明されました。

イエス様には人間の間違いを許《ゆる》す権威《けんい》が与えられていることも書かれています。

魂は遥かなる永遠の昔から存在し、遥かなる永遠の未来に向かって進化し、輪廻転生、文明の輪廻転生をし、全ての存在者は最後には神にたどり着く（完全調和する）システムと「神、イエス様のことば」は、そのように伝えておられます。

私たちは、日々様々な経験をし学びながら、神が創られた「いのちの木への道」をあゆみ、未来には、「神」（完全調和）にたどり着くシステムと、定められたとあります。

私たちは導かれている

私たち人類の歴史は、神、イエス様の教えを無視、信じようとしない歴史

旧約聖書に、神はノア文明のあと、全人類の中からイスラエルの民《たみ》を導かれたと書かれています。

イスラエルの民も、「神の教え」に従《したが》わなかったから、神からの使者モーセ様が出現し、神の法律十戒を守るように、そして宗教行事や祭りを行い、神の教えを思い出すようにと伝えられたことが書かれています（紀元前十三世紀ごろ）。それでも、律法《りっぽう》を守らず間違いを犯し続けたことが書かれています。

その後、神のことばは預言者によって人々に伝えられましたが、預言者の言葉を聞き入れず、ことごとく迫害《はくがい》、殺害したことが書かれています。

神は、大いに怒られて「聖絶《せいぜつ》」ということばで、イスラエルの民と文明をバビロンの国により絶滅させたと書かれています（紀元前六世紀ごろ）。

その後、文明は残された少数の人々により再生されたが、文明が栄《さか》えると、イスラエルの民はまた堕落《だらく》したと書かれています。

ここで、神の教えを説いた旧約聖書が書かれたのです（紀元前三世紀ごろ）。

また、預言者が遣わされ、最後に、イエス様が、悔《く》い改《あらた》めなければ、滅《ほろ》びると伝えられ

ました。

イエス様が神の教えを伝えた地は、預言者を迫害、殺害した地、イエス様のことばは聞き入れられず、イエス様は、私たち人間が犯した罪を担《にな》って処刑《しょけい》されたことが書かれています。

イエス様の「私たち人間は自分の犯した罪のうちに死ぬ（旧約聖書の創世記第2章17節）、神が善悪の木から取って食べると人は死ぬ」と、定められたことが、私たち人間に、神のことばを理解し生きるために模範《もはん》を示したと書かれています。

ここで、イエス様の教え新約聖書が書かれはじめたのです。

イスラエルの民（文明）は、イエス様が神のもとに帰られたあと七十年後にローマ軍によって絶滅させられました。

現在のイスラエルは、残された少数の人々によって再建されたものです。

そして現在も、私たち人類は「アダムとエバ」と同じ間違い、「神、イエス様の教え」をことごとく無視、信じない、神を否定、排除し、宗教行事や祭り、食べ物は、単なるお祭り化、形式化し、私たちは間違いを犯し続けています。

私たち人類の歴史そのものが、神、イエス様の教えを無視する歴史になっています。

1と2の領域から進化しようとしていません。

神は「人間の心の思い計ることは、初めから悪である」と言っておられます。

神は、終わりのことを初めに告げる

神は「わたしは、終わりのことを初めに告げ、……わたしのはかりごとを成就《じょうじゅ》する。(イザヤ書第46章10節)」と定められたとあります。

この証拠は、私が間違った行いをしているとき、親や友達、周りの人に注意をされました。それを無視していたら大きなトラブルや事故になったことがありました。

終わりのことを初めに告げる(トラブルや事故になると注意されて)、それでも無視していると、はかりごとを成就する(トラブルや事故になる)、悔い改めればゆるす(トラブルや事故にならない)と、神が定められた通りになったことがありました。

規則や法律、神のことば↓無視↓トラブルや事故、滅亡。悔い改めればゆるすというシステムも、神が定められたものと真理の霊は示してくださったのです。

イエス様は「悔い改めなければ滅びるであろう(ルカ福音書第13章3節)」と、終わりのことを初めに告げられておられます。

私たち人類は、完全調和へと導かれている事実

創世記（アダムとエバ）から、イエス様の時代までは、神が直接に私たち人類に「神の教え」を「話しことば」で伝え、完全調和へと導いておられることが書かれています。

イエス様は、預言者と律法（神のことば）が預言したのは、洗礼者《せんれいしゃ》ヨハネまでである、と言っておられます（洗礼者ヨハネは、イエス様の出現を伝えるために遣《つか》わされた）。

イエス様は「福音（神、イエスの教え、聖書）は、あらゆる民への証《あかし》として、全世界に宣《の》べ伝えられるであろう。それから終わりが来る（マタイ福音書第24章14節）」と言っておられます。

ここに、イエス様は、私たち人類の完全調和への導きを「神、イエス様のことば」から、それを聖書に記し全人類に伝えられると宣言《せんげん》されたことが書かれています。

たしかに、二千年間に、旧約、新約聖書（神、イエス様の教え）は、全世界の人々に伝えられました。

その間にも、イエス様、釈迦様の「教え」を伝える人々（空海や最澄……）が出現しました。

その他に、私たちが導かれている証拠は、旧約聖書（申命記《しんめいき》第10章12～15節）に、神は、人類の代表としてイスラエルの民を、愛され聖書全般にわたって導いておられることが、

延々《えんえん》と書かれています。

新約聖書にもイエス様が、イスラエルの民を導いておられることが書かれています。

神は、イスラエルの民を「実にうなじのこわい民」と言い、モーセ様は強情と言い、イエス様は、がんこで神の教えを聞き入れないと言っておられます。

今も導かれている

真理の霊によって、真理が伝えられました。

そして、私たち人類は「アダムとエバ」から現代にいたるまで、神の教えに従わず無視し続けたことが伝えられました。

神に「人間の心の思い計ることは、初めから悪である」「実にうなじのこわい」と言われても、モーセ様に強情と言われても、イエス様にがんこと言われても、……導かれても、導かれても、神、イエス様の教えを聞き入れない、信じようとしない、無視する私たち人類の、がんこ、の歴史がそこにあります。「記録係もその一人」と伝えられた。

真理の霊は、世を神が創られたのに、世が、神、イエス様、釈迦様を信じない、と世の誤りを告げられたのです。

今、人類は神を受け入れないために、「神の教え」を理解されず、犯している間違いに気付かず、それが正しいと主張し始めています。

神は、神を受け入れない人の心を「がんこ」にされたとありましたから、神を信じ受け入れると「がんこな心」は無くなると思います。

世が、神、イエス様、釈迦様を信じ、ことばを理解して生きると、神より調和された世界、しあわせが与えられると、神、イエス様が定められています。……理解はそれだけです。

（宗教組織への入信をお勧《すす》めしているわけではありません。聖書、仏典を読まれることをお勧めしております。神、イエス様、釈迦様は、無料で真理をお伝えしておられます。人間に自由を与えています。私たち人間を創り必要な衣食住は、この世を創り与えてくださっておられます（カルトの教祖《きょうそ》ではありません）。

今も、イエス様、釈迦様の「ことば、教え」を伝える人々が、世界に生まれているそうです。

神、イエス様、釈迦様の「ことば、教え」は絶対

神は「話しことば」で、この世を創られたとあります。

イエス様の「神の口から出た一つ一つのことばで、この世は創られた」と言っておられ

ます。

神は、「神を否定、排除する文明は絶滅《ぜつめつ》させる。神を信じる少数の人々によって文明の再生《さいせい》を行わせる」。

神は、「わたしは、終わりの事を初めから告げ、……わたしのはかりごとを成就《じょうじゅ》する」。

イエス様は終わりについて、マタイ福音書に「天の国」と「毒麦《どくむぎ》」のたとえでお話しされています。

この「神、イエス様のことば、教え、聖書」は絶対的意味を持っています。

イエス様は「私の、ことばを信じなさい」と言っておられます。

導き者の誤り

モーセ様は、目には目、歯には歯という教えを説《と》かれました。

イエス様は、目には目、歯には歯ではなく、たがいに愛し合いなさいと、モーセ様の誤《あやま》りを正し、新しい教えを生きなさいと伝えられました。

今でも、モーセ様の教えを生きている人々がおります。

パウロや法然《ほうねん》、親鸞《しんらん》は、神への信仰《しんこう》のみで救われる＝神を信じるだけで救われると誤《あやま》った教えを説きました。

イエス様は、信仰と行いによって救われる＝神、イエス様を信じて、教えを理解し生きることで救われると説かれました。

神の教えは「神、イエス様、釈迦様を信じ、教えを理解して生きよ」です。

神とイエス様の教えは同じ、神＝イエス様です。

神の、話しことば

創世記に書かれていること

神は、人間が、文明が「神を信じ、教えを理解して生きるか、試みられている」と創世記に書かれています。

後は、神を信じ、教えを理解して生きると、平和で、しあわせに永遠に進化させる。神を否定、排除して生きると、必ず絶滅する、と「私たち人類への教え」として書かれています。

創世記には、神は、「ことば」で「神、イエス様、釈迦様を信じ、教えを理解して生きよ。4つの能力を使用し生きよ」と、この世、宇宙と人間を創られたと書かれています。初めの人類には「ことば」で、後世の人々には「ことば」を聖書に記し告げられた。とあります。

神、イエス様、釈迦様の教えを理解して生きるならば、永遠なるしあわせな世界、私たち人類を神のもとへと導かれるとあります。

神、イエス様、釈迦様を、否定、排除するならば、文明を必ず絶滅《ぜつめつ》し、再生させる（退化させ反省させる）、そして全ての人間を完全調和へと導かれ救う、と私たち人間に伝えられたと書かれています。

神は、私たち人間が、真に神を信じるか、悪霊によって試《こころ》みられるとあります。

神の教え＝私たち人間への契約《けいやく》は絶対である。とされたとあります。

神を否定、排除、信じないと聖書は理解されないと書かれています。

始めの人類（アダムとエバ）は、神を否定、排除し、神に完全調和へと導かれても、神を否定、排除したから、ノアの時代に文明は絶滅されたことが書かれています。

神は、「神の教え」は絶対であると人類に伝えるため、全人類の中からイスラエルの民《たみ》を選《えら》ばれ導かれたと旧約聖書に書かれています。

しかし、イスラエルの民も（アダムとエバ）と同じように、神の教え導きを裏切《うらぎ》ったために、文明の絶滅《ぜつめつ》と再生を繰《く》り返させられたと旧約聖書に書かれています。

神が、「神の教え」が絶対であることを、イスラエルの民を例として旧約聖書に記され人類に伝えられたものである。と示してくださったのです。

神は、絶滅するときは、終わりのことを初めに告げる、ただし悔《く》い改《あらた》めるならば、「ことば」を取り消すと人間に約束《やくそく》されたことが書かれています。

私たち人間は、この地上に調和された世界を創るために、自己を完成させるために生まれ、霊界とこの世を輪廻転生し、完全調和するまで永遠に進化するように、神が定められ、この世は創造された。とあります。

神の、私たち人間への教え、契約《けいやく》で、この世のシステム、文明は創られている。と証明してくださったのです。

旧約、新約聖書は後世の人々（現代人）に伝えるために書かれたものです。

私たち人類が、宇宙に旅立つには

神が、この世の全てを定められ創造され、私たち人類を、平和で、しあわせにするために「神を信じ、神の教えを理解して生きよ！」と、人類の始めから現代にいたるまで、告げられ、神（完全調和）へと導いておられます。

それでも、私たち人類は、神がお話ししてくださっても、神の教えを旧約聖書で伝えられても、釈迦様とイエス様が「ことば」で「神の教え」を伝えられても、新約聖書、仏典に記し伝えられても、初めの人類から現在まで、導かれても、導かれても、「神の完全調和への導き」に気付かず、ことごとく、神、イエス様、釈迦様を否定、排除し、聖書・仏典を理解せず、異なるカルトの神、人間の作った仏像や偶像を神と信じ、間違いを犯し続け、しあわせに背を向け、争いや戦争を繰り返し、神に絶滅させられる道を、考えもなく突《つ》き進む人類であった。

聖書には、私たち人間が犯している間違いと、「神、イエス様を信じ、教えを理解して生きよ！」と記され、全人類に伝えられたものである、と真理の霊は説明してくださったのです。

イエス様は「そしてこの御国の福音（旧約、新約聖書）は、あらゆる民への証《あかし》として、全世界に宣《の》べ伝えられるであろう。それから終わりが来るのである。（マタイ福音書第24章14節）」と言っておられます。

その終わりが今です。宇宙に旅立とうとしている今、神を否定、排除する文明、争いや戦争をする文明を終え、「神、イエス様、釈迦様を信じ、教えを理解して生きる」文明へと進化しなければならないと伝えられました。

旧約聖書（申命記第6章5節）に「あなたは心をつくし、精神をつくし、力をつくして、あなたの神、主《しゅ》を愛しなさい」とあります。イエス様も（マタイ福音書第22章37節）同じことを言っておられます。

イエス様は「神が定められた（律法）の、すべてのことが実現し、天地が消えうせるまで、律法の文字から一点一画も消え去ることはない（マタイ福音書第5章18節）」と言っておられることが真理であると証明してくださったのです。

完全な行いは、神、イエス様、釈迦様がお伝えしております（人が伝えると間違いを犯します）。

この世と私たちを創造された真の神とは、旧約聖書の創世記に書かれている神であり、「神の教え」は旧約聖書に書かれています。

「神の教え」を伝えられたのは、イエス様と釈迦様である。「イエス様、釈迦様の教え」は真理であると、真理の霊は証明してくださったのです。

この書の全ては守護霊、指導霊、真理の霊に、導かれ、伝えられたことを記録させていただいたものです。

全ての理解は、「神、イエス様から与えられる」とありました。

その証拠が、イエス様の「わたしが父（神）にお願いし、神のもとから出る真理の霊が来るとき、私（イエス）を証明する（新約聖書、ヨハネ福音書第15章26節）」。

イエス様は「真理の霊が来ると、あなたがたを導いて真理をことごとく悟らせる。真理の霊は自分から語《かた》るのではなく、聞いたことを語り、これから起《お》こることを、あなたがたに告《つ》げる。真理の霊は、わたし（イエス）に栄光《えいこう》を与える。わたし（神、イエス）のものを受け、あなたがた（人類）に告げるからである（ヨハネ福音書第16章13・14節）」……「世の誤《あやま》りを明《あき》らかにする。神を知らない人が、わたし（イエス）を信じないこと。この世の支配者が断罪《だんざい》されることである（ヨハネ福音書第16章8～11節）」。

〈イエス様がこの世におられる時は、イエス様がこの世の支配者です。この世の支配者〈イエス様〉を、人類・イスラエルの民〈ユダヤ人〉は断罪したから、この世の現在の支配者〈独裁者〉が断罪されると言っておられるのです。……「ことば」は絶対である証拠です〉

神は、真理の霊（預言者たち）を、「わたしの証人」と言っておられることが、旧約聖書のイザヤ書（第43章10〜12節）に書かれています（旧約聖書に、預言者とは、神から告げられた「ことば」を人々に伝える人と書かれています）。

神：「あなたがたは　わたしの証人、
―主《しゅ》の御告《みつ》げ―
わたしが選《えら》んだわたしのしもべである。
これは、あなたがたが知って、わたしを信じ、
わたしがその者であることを悟《さと》るためだ。
わたしより先に造《つく》られた神はなく、
わたしより後にもない。

わたし、このわたしが、主《しゅ》であって、
わたしのほかに救《すく》い主《ぬし》はいない。
このわたしが、告《つ》げ、救い、聞かせたのだ。
あなたがたのうち（心）に、異《こと》なる神はなかった。
だから、あなたがたはわたしの証人」

イエス様は「真理を行うものは光の方に来る。その行いが神に導かれてなされたということが、明らかになるためである（ヨハネ福音書第3章21節）」と言われた。
（ここに、神は、この世を創られた神を、真の神として信じ、教えを理解して生きる人には、神の証人として告げられる、救われる、聞かせてくださる（理解は与えられる）と定められたことが書かれています。また、神、イエス様は全ての人の心を知っておられると書かれています）

神：「証人を出して証言させ、それを聞く者に、『ほんとうだ』と言わせよ」

神、イエス様から、真理の霊（神、イエス様のことばを伝える証人）に、告げられ、救われ、聞かせられたことを、真理の霊から伝えられて記録させていただいたものです。

この書の全ての理解は、神、イエス様からである、は「ほんとうだ」と証明してくださったのです。

「神、イエス様、釈迦様を信じ、教えを理解して生きよ！」と伝えられているのは「神、イエス様」であると証明してくださったのです。


この書は難解《なんかい》と思われますが、全ての方に理解能力が与えられています。

二一〇〇年ごろには常識《じょうしき》として理解されていると思います。

世界の混乱《こんらん》が終わり、地球人類の意識が変わり、人類の正しい未来が見えてきます。

この書に書かれたことは、理解領域で理解されるほんの一部です。

人間の理解は無限大に広がっています。

神、イエス様、釈迦様を信じ受け入れると人間に理解能力があることに気付かれます。

3の知性領域で理解された「知恵」は、4の理解領域の「神、イエス様、釈迦様のことば」の理解になりました。

4の領域の上限（物質の上限）では、神のことば、精神、エネルギーは同じものと理解されました。

「ことば、精神」は物質の性質を変えることができる。次の5の領域「神、イエス様のことばの完全なる理解と行いをする領域、物質のコントロールレベル」の入口になっています。

全ての理解は神、イエス様から与えられたように、物質のコントロール能力も、神、イエス様から与えられるのです。イエス様も、全ての能力は神からであると言っておられます。魂（心の進化）はまだ、まだ続く。

神は、「ことば」で宇宙と人間を創造されておられます。

宇宙がそこにあるのも、太陽があるのも、地球が回っているのも、UFOがあるのも、山が木がそこにあるのも、雨や風も……全ては神に創られた完全なるシステムにより存在している。

真理の霊から

私たち人類は、1の感覚と2の感性能力を使用し、ここまで、この世、宇宙を認識してきました（1の感覚と2の感性能力はこの世、宇宙を認識する能力とありました）。

ここからは、神を信じ、教えを理解して生きる、3の知性、4の理解能力を使用し、魂《たましい》の永遠なる進化が始まります。

宇宙空間を自由に飛びまわる文明が始まるのです。

地球環境を取り扱う、各分野の方々は人類の絶滅の危機を感じています。

それは神からの啓示《けいじ》です。

末法の世になると、神へ導こうと真理を伝える人々が世に現れます。

人類を完全調和へと導くために、モーセ様、釈迦様、イエス様、空海や最澄……、今、末法の世に、イエス様、釈迦様のことばを伝える人々が、世界に日本に出ていると伝えられました。

この書の真理の霊が伝えられたこともその一つと説明された（おまえは、告げられたことを記録するだけ、その者ではないと伝えられた）。

現在、イエス様や釈迦様の弟子達によって「神の教え」が伝えられています。


イエス様は、二千年後の人類（現代人）が宇宙に旅立つことも、「神の教え」を理解しないで、絶滅の危機（末法の世）になることも知っておられました。

イスラエルの民は「悔《く》い改《あらた》めなければ滅《ほろ》びる」と伝えられても、自分たちの未来が、神に絶滅させられることだ、と理解できず神に絶滅させられたのです。

イエス様が「神の教え」を聖書を通して後世の人々に伝えても、二千年後の「現代人」

も、「神の教え」が理解できず、自分たちの未来が、神に絶滅させられることだと理解できない、と知っておられたのです（イエス様には、未来が見えている）。

新約聖書（ヨハネ福音書第16章12・13節）に、イエス様は「言っておきたいことは、まだ、たくさんあるが、今、あなたがたには理解できない。しかし、真理の霊が来ると、あなたがたを導いて真理をことごとく悟《さと》らせる。……」

イエス様のこの「ことば、預言」が、二千年後の今、この書で成就《じょうじゅ》されたのです。

イエス様は、二千年後の人類（現代人）には、真理の霊によって「真理、神の教え」が伝えられるとお話をされたのです。

この人類は今、神を否定、排除する文明、争いや戦争をする文明を終え、「神、イエス様、釈迦様を信じ、教えを理解して生きる」文明へと進化する分岐点《ぶんきてん》である。

神の教え旧約聖書、イエス様の教え新約聖書、釈迦様の教え仏典を理解して生きると、平和で、しあわせに永遠なる進化が与えられる。宇宙に旅立つ知恵や技術の全ての理解が与えられるのです。

「神の教え」の理解が、人類の危機を救うことになる。宇宙に旅立つことができると伝えるために遣《つか》わされた。と説明してくださったのです……神の完全調和への導き。

神の国の秘密

もしも、イエス様が、真理の霊を遣《つか》わされて来なければ、私たち人類（文明）は、神を無視、否定、排除し、争いや戦争を繰り返してきた罪により、イスラエルの民と同じように、神に絶滅されていたのです。

しかし、イエス様が、二千年前に、私たち人類が犯《おか》した罪《つみ》を償《つぐな》う、いけにえになられたから、イエス様が、わたしが神にお願いし、神のもとから出る救いの真理の霊が現在（二千年後）に遣《つか》わされたのです。

イエス様は「神が御子《みこ》（イエス）を世に遣《つか》わされたのは、世を裁《さば》くためではなく、御子（イエス）によって世が救われるためである。御子を信じるものは裁かれない（ヨハネ福音書第3章17・18節）」「わたしは、世を裁《さば》くためではなく、世を救うために来たからである（ヨハネ福音書第12章47節）」と言っておられます。

世界に出ている、神のことばを伝える人々に、真理の霊が遣わされ、「神の教え」が伝えられています。

耳を澄《す》ませば、誰が「神の教え」を伝えられているか解《わか》ります。

私たち人類を絶滅の危機から救ってくださったのが、救世主イエス様であると証明するために遣わされた。

イエス様のことば「わたしが父（神）にお願いし、父のみもとから来る真理の霊が来るとき、わたし（イエス）を証明するであろう。（ヨハネ福音書第15章26節）」が成就《じょうじゅ》されました。

旧約聖書は、救世主イエス様によって「神の教え」が伝えられると預言され書かれています。そしてイエス様が出現し旧約聖書は成就されました。

新約聖書は、イエス様が二千年後、真理の霊によって「神の教え」が伝えられると預言されています。そして真理の霊が出現し新約聖書は成就されました。

神のみもとから来られた、真理の霊様が、私たち人類に「進化の道」を伝えてくださったのです。

神が、私たち人類に、「進化」を与えてくださったということなのです（進化は、神から与えられるとありました）。

神は、イエス様が、私たち現代人が犯した罪を償《つぐな》ってくださったから、私たち人類を、平和で、しあわせに永遠に進化されると定められたことを伝えるために、真理の霊様が来られたのです。

一九〇〇年代の中ごろ、末法の世（日本が戦争していた時代）に、釈迦《しゃか》様が「神理」を伝えるために日本に出ておられました、と伝えられました（釈迦様は二千五百年前、次は日本に出ると予言されていた）。

釈迦様は、私たち人類に「神理」を伝えるために多くの書を書き残しておられます。

私たち人間は闘争《とうそう》と破壊《はかい》の歴史、文明の絶滅と再生を繰り返してきた。私たち人間は目《め》覚《ざ》め、考えなおすときがきた。

地球人類の神格化のために、神の国で計画された、様々なことが行われていく、宇宙空間の新しい星へ、その生存を永続させていく方法の可能性がもうみえている。

神は、イエス様、モーセ様、釈迦様を神とする全ての権能《けんのう》を与えられた。

神が、私たち人間を創造され、「完全調和された世界をつくる」ために始めの人類から現在まで、人間の自由を尊重《そんちょう》され、指導《しどう》され、霊界とこの世を輪廻転生し、しあわせに永遠に進化するように定められた。

イエス様、モーセ様、釈迦様が、私たち人類を完全調和へと導いておられる。

私たち人間は、霊界では真理を理解されている。

本当に理解されているか確《たし》かめさせられるのが、この世（物質世界）、この世に生まれるときは、全《すべ》て忘《わす》れさせられる。

私たちはこの世で、調和された社会をつくることを悟《さと》るために一番良い、両親、環境《かんきょう》を自分で選択《せんたく》し、この世に生まれ出る。

生きる意味について十分に深く思考《しこう》されれば、気付かれるようになっている。

しかし、私たち人間は、それを忘れてしまい、争いや戦争を始めてしまいます。

「私たちは神の子、神の教えに従《したが》って生きよ」と伝えるために、モーセ様、釈迦様、イエス様、預言者、聖人、空海や最澄……が出現される。

神の国で計画され、地球人類の神格化のために、先発隊《せんぱつたい》として、日本には、イエス様の弟子のヨハネ様が生まれている。

神の国で計画された「歴史的事実を証明」する「この書」が出ると預言されています。

旧約、新約聖書も、神の国で計画されたもので、この書のように導かれて書かれたものです。

この世と全ての人類は、神の国から監視《かんし》され、導かれています。


K科学のO氏が「メシアが出現される」と預言された「メシア」とは、救世主イエス様のことです。

O氏は、釈迦様の言われる、神の国で計画され「神の教え」を伝えるために、日本に生まれ出た、イエス様の弟子で、新約聖書ヨハネ福音書を書かれた、光の指導霊ヨハネ様であった、と伝えられた。……神の、完全調和への導き。神が計画、定められ、今でも完全調和へと導かれています。

イエス様の教え「聖書」、釈迦様の教え「神理の書」は、「神の教え」です。お読みになられることをお勧めいたします。

私たちが霊界では、真理や生きる意味を理解されている証拠は、指導霊様、守護霊様、真理の霊に導かれ、この書が書かれたことです。

各霊様は、人間の霊界での姿です。

守護霊様、指導霊様は、全ての方に付いておられ、私たちを神へと導くために、つねに語りかけていますが、心に欲望や不平、不満、怒り、悪などがあると、ことばが届きません。私たちに罰《ばつ》を与えたり、不幸には絶対にしません。

私たち人間を神へと導いてくださらなければ、悪霊にそそのかされ、この世は地獄の世界になっています。……神の、完全調和への導き。

不幸は自ら犯した罪（悪を信じた）と悪霊によるものです。

守護霊様、指導霊様は付いておられる方の全てを知っておられます。

心の全て、この世に生まれてからの、思ったこと、考えたこと、行ったことの全て、行った映像まで、その方の持ち物、持っている本の内容、どのページ、何行目に何が書かれているか全て知っておられます。

私たち人間が、神を信じ、生きる意味を知りたいと求めると、それが理解されるように導いてくださいます。

危険からの回避《かいひ》もしてくださいます。このような能力の方々です。

私たちにもこのような能力があるのですが、この世に生まれるときは、神に忘れさせられるのです。
5、6、7の領域は、「神の意志」を理解する領域となっています。
全ては、神が、私たち人類を完全調和へと導くために与えてくださったものです。

調和への進化の道

（二〇二三年、四月に伝えられたこと）

預言者（真理の霊）には、未来を見通す能力が与えられている。

イエス様「真理の霊が来ると、これから起《お》こることを、あなたがたに告《つ》げる。わたしのものを受《う》け、あなた方に、告げ知らせるであろう」。ヨハネ福音書（第16章13〜15節から要約）

ペトロ様（イエス様の弟子）の説教
新約聖書の使徒言行録（第2章17〜21節）
「神は言われる。
終わりの時に、
わたしの霊《れい》をすべての人に注《そそ》ぐ。
すると、あなたたちの息子《むすこ》と娘《むすめ》は予言《よげん》し、
若者は幻《まぼろし》を見《み》、老人《ろうじん》は夢《ゆめ》を見る。
そのときには、わたしの僕《しもべ》やはしためにも、
わたしの霊を注ぐ。
すると、彼らは予言する。

また、上では、天《てん》に不思議《ふしぎ》な業《わざ》を、
下では、地に徴《しるし》を示《しめ》そう。
血《ち》と火と立ちこめる煙《けむり》が、それだ。
主《しゅ》の偉大《いだい》な輝《かがや》かしい日が来る前に、
太陽は暗《くら》くなり、
月は血《ち》のように赤くなる。
そのとき主《しゅ》の名《な》を呼《よ》び求《もと》める者《もの》は皆《みな》、
救《すく》われる」
……**二〇五九年、二月に行われる。**
（釈迦様は、これは現在起《お》こっていると言っておられます。その証拠がヨハネ様の出現と、この書が書かれたことです）

世界恐慌は、おおきな鍋《なべ》から始まり、二ひきの毒ヘビの一ぴきが捕《つか》まる。

二〇六八年、二〇八四年……？

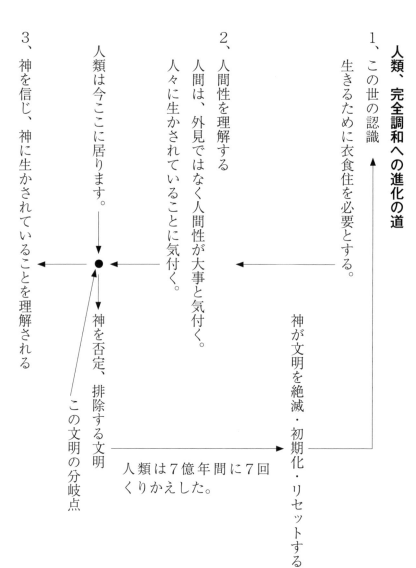

人類、完全調和への進化の道

1、この世の認識

生きるために衣食住を必要とする。

神が文明を絶滅・初期化・リセットする

2、人間性を理解する

人間は、外見ではなく人間性が大事と気付く。

人々に生かされていることに気付く。

人類は7億年間に7回
くりかえした。

人類は今ここに居ります。

神を否定、排除する文明

この文明の分岐点

3、神を信じ、神に生かされていることを理解される生きる意味が、この世に調和された世界をつくることであると理解される。
精神と物質は同じと知恵を理解される。

4、神、イエス、釈迦の教えを理解して生きる
この世は、神が、私たち人間に何かを理解させるために与えられたものであると理解される。

神が宇宙と私たち人間を創造されたことを理解される。

5、神の教えを理解される
この世は、神の教え、聖書で創られていると理解される。
神に、導かれていると理解される。
創世記に書かれている、神が定められた、神の教えを理解される。

6、人類は、自ら犯している間違いを理解する
（この書は、ここまで説明されています）

7、人類は、間違いの修正をする
神、イエス、釈迦の教えにしたがって、人類は間違いの修正をする。

8、「神の教え」を中心とした文明になる（**人類が調和される、二〇九五年**）
新約聖書：ヨハネの黙示録が成就される。
人類が平和で、しあわせで、完全調和への永遠なる進化が始まる。

→ **神**

文明の全滅《ぜんめつ》は以前に起《お》こっている（アトランティス文明の絶滅）。現在の文明は、外部からの刺激《しげき》がなければ、ふたたび同じことになる段階《だんかい》にすでに入っている。……一九五〇年に、円盤（ＵＦＯ）に乗ってきた人類が、地球のある一個人（アメリカ人）に伝えたメッセージです（ダニエル・フライ著『私は円盤に乗った』より）。

「平和は、人と人との間、国と国との間、すべての人々と、自然を制御している偉大なる力と英知の間の基本的な理解、神として地球人類に知られている英知の理解、『神の教え』の理解が、地球人類が生き残るための鍵《かぎ》だ」

と言っています。

円盤に乗ってきた人類が伝えたのは、「神の教え」そのものではなく「神の教え」がある、「神の教え」の理解が無ければ地球人類は、宇宙に旅立つ前に絶滅すると伝えています。

円盤に乗って宇宙に旅立った人類の「知恵」と８つの領域があると伝えています。

「神の教え」と８つの領域の理解は、私たち地球人類に任《まか》せられたのです。

その「神の教え」と8つの領域の理解が、この書に書かれています。

神、イエス様は、地球外生命をも遣《つか》わされ、私たち人類が平和で、しあわせに永遠に進化する道を伝えてくださったのです。

私たちの文明は、円盤に乗ってきた人類の協力によって、真理が伝えられ絶滅から回避《かいひ》されたのです。

これも神の国で計画されたものです。その証拠は、釈迦様は、この書は神の国で計画されたものと言っておられます。

イエス様は「父よ、天地創造の前から、わたしを愛して、与えてくださった栄光《えいこう》を、彼ら（弟子）に見させてください。（ヨハネ福音書第17章24節）」と言っておられます。

釈迦様も、天地創造の前に、イエス様、モーセ様、とおられたと言っています。

神が、天地創造の前に、神の国で計画され、私たち人類、文明は存在しているのです。

この本に書かれていることは、イエス様が弟子たちに、神の国の秘密、としてお話しされたことです。

神の国の秘密は、マタイ、マルコ、ルカの福音書に書かれています。

イエス様が、神の国の秘密を説明されているのが、ヨハネ福音書です。

キリストの再臨《さいりん》

天使は、わたしにこう言った。

「これらの言葉は、信頼《しんらい》でき、また真実《しんじつ》である。預言者たちの霊感《れいかん》の神なる主《しゅ》が、その天使を送って、すぐにも起《お》こるはずのことを、ご自分の僕《しもべ》たちに示《しめ》されたのである。イエス様（見よ、わたしはすぐに来る。この書物の預言の言葉を守る者は、幸《さいわ》いである）」

わたしは、これらのことを聞き、また見たヨハネである（ヨハネ黙示録第22章6～8節）。

これは、神の国で計画された「世の終わりの徴《しるし》」の始まりです。

今後も、行われます。

イエス様「真理の霊が来ると、あなたがたを導《みちび》いて真理をことごとく悟《さと》らせる」

神、自分から選んだ、しもべ。

「わたしは、わたしのしもべのことばを成就《じょうじゅ》させ、わたしの使者たちの計画を成《な》しとげさせ、……（旧約聖書、イザヤ書第44章26節）」。
（二〇二三年、五月に伝えられる）

著者プロフィール
預言者の書（よげんしゃのしょ）
すべて非公開

神の教え

2023年12月15日　初版第１刷発行

著　者　預言者の書
発行者　瓜谷 綱延
発行所　株式会社文芸社
〒160-0022　東京都新宿区新宿１－10－１
電話　03-5369-3060（代表）
03-5369-2299（販売）

印刷所　図書印刷株式会社

ISBN978-4-286-24764-9